Marketta Sihvo

**Geschichte der LAX VOX® - Röhrenübung**

Marketta Sihvo

# Geschichte der LAX VOX® - Röhrenübung

QUICK Erste-Hilfe und stimmliche Selbsthilfe

ScienciaScripts

**Imprint**
Any brand names and product names mentioned in this book are subject to trademark, brand or patent protection and are trademarks or registered trademarks of their respective holders. The use of brand names, product names, common names, trade names, product descriptions etc. even without a particular marking in this work is in no way to be construed to mean that such names may be regarded as unrestricted in respect of trademark and brand protection legislation and could thus be used by anyone.

Cover image: www.ingimage.com

This book is a translation from the original published under ISBN 978-620-2-01482-3.

Publisher:
Sciencia Scripts
is a trademark of
Dodo Books Indian Ocean Ltd. and OmniScriptum S.R.L publishing group

120 High Road, East Finchley, London, N2 9ED, United Kingdom
Str. Armeneasca 28/1, office 1, Chisinau MD-2012, Republic of Moldova, Europe
Printed at: see last page
**ISBN: 978-620-7-69926-1**

Copyright © Marketta Sihvo
Copyright © 2024 Dodo Books Indian Ocean Ltd. and OmniScriptum S.R.L publishing group

# Inhaltsübersicht

| | |
|---|---|
| VORWORT | 2 |
| Einführung | 42 |
| Das Ziel der Studie | 44 |
| Methode | 45 |
| Ergebnisse | 49 |
| Diskussion | 54 |
| Schlussfolgerungen | 55 |
| Literatur | 56 |
| ANHANG 1 | 58 |
| ANHANG 2 | 63 |
| ANHANG 3 | 65 |

## VORWORT

Im Jahr 1991 hörte ich zum ersten Mal das Argument "weniger ist mehr" auf einer Konferenz in Reykjavik. Es hat mich sehr inspiriert und passt zu meinem Denken. - In ähnlicher Weise scheinen die körperlichen Empfindungen, die der Schlauch in der Wasserstimmübung hervorruft, einen neuen Stimmschüler wie ein Scherz zu treffen und mit einem gemeinsamen Lachen zu überraschen. Es schüttelt uns mit einem Gefühl der Erleichterung. Es ist wie Vogelgezwitscher, das uns berührt und unsere Nervosität wegfegt. Es weckt die Neugierde. Es kann eine neue Ecke der Inspiration in unserem Gehirn berühren und uns optimistisch auf zukünftige Gesangsaufgaben einstellen. Der Name LAX VOX für die Röhre war eine der erhellenden Ideen für mich.

Mir wurde oft die Frage gestellt, wie ich auf die Idee gekommen bin, diese Art von Werkzeug für die Sprachpflege zu verwenden. Nun, sie kam mir, wie jede Erfindung, durch Zufall. Sie traf mich wie ein Schneesturm aus heiterem Himmel oder das Finden der Teile eines großen Puzzles. Das Verfahren folgte offensichtlich den gleichen Regeln wie viele Erfindungen. Natürlich hat dies einige Wurzeln in meinem früheren Leben. Ich hatte eine Vision, das zwanghafte Bedürfnis und den Wunsch, einen effektiven Weg zu finden oder zu erfinden, um den mir anvertrauten Stimmpatienten das Modell und das Wissen über einen physiologisch gesunden Stimmgebrauch zu vermitteln.

Es ist eine ambivalente Herausforderung für mich, darüber zu schreiben, denn meine Mottos lauten "weniger ist mehr" und "learning by doing". Um nun über meine beliebte Übung schreiben zu können, muss ich meine Denkweise analysieren und das "Wie" genauer betrachten. In meiner Therapie und in den Workshops habe ich einfach jedem Zuhörer ein Röhrchen und eine Wasserflasche gegeben, und am Ende der Sitzung ein Blatt mit schriftlichen Anweisungen, die er mit nach Hause nehmen konnte. Ich bin es gewohnt, meine Meinung über die Übung "laut und deutlich" zu äußern.

Nun gebe ich mein Bestes, um die Tipps für die LAX VOX - Übung mündlich in Schriftform zu übermitteln. Wie mein Enkel mir sagte, sagt ein Bild mehr als tausend Worte. Ich habe Bilder gemacht und hinzugefügt, um den Text zu verdeutlichen. Es gibt Geschichten von Fällen, die hoffnungslos schienen, aber dank der LAX VOX-Übung gut ausgegangen sind.

Der eigentliche Kern dieses Therapieverfahrens umfasst: 1) die **positive** Einstellung, 2) das einfache Hilfsmittel, 3) die **eigene Körperwahrnehmung des Patienten** während der Phonation in ein **tastbares,** in Wasser getauchtes Hilfsmittel, 4) die sofort einsetzende tägliche **selbständige Wiederholung der** Übung und 5) der **Dialog** zwischen Therapeut und Lernendem in weiteren Therapiesitzungen. Nach dem Kennenlernen der Idee in der ersten Trainingssitzung liegt der bestmögliche Fortschritt im Rahmen des körperlichen Zustands und der Fähigkeiten des Patienten 6) in der **Eigenverantwortung des Lernenden.** - Das Erlernen der Fähigkeit, stimmliche Überlastungen zu vermeiden und sich im Falle eines dysphonischen Symptoms selbst zu helfen, wäre der ideale Prozess einer kurzen Stimmtherapie. Die Patienten haben diese spielerische und unterhaltsame Übung, die Freude und Geschicklichkeit zugleich vermittelt, mit großem Eifer angenommen.

Die traditionellen Stimmübungen basieren auf der Praxis und nicht auf wissenschaftlichen Erkenntnissen. Bei Studien über Therapieergebnisse ist es normal, dass die angewandte Stimmtherapie nicht in wiederholbaren Details erklärt wird. Deshalb sind die Ergebnisse der verschiedenen Studien nicht miteinander vergleichbar.

Ich wollte meine Ideen während meiner letzten Jahre in der phoniatrischen Ambulanz des Universitätsklinikums Tampere testen. Wir untersuchten die Ergebnisse in einem einjährigen Folgeprojekt im klinischen Umfeld. Dieser Artikel ist als eine "genaue" Beschreibung der Methode zu verstehen, die ich als einer der beiden Therapeuten des Projekts angewandt habe und die später in diesem Buch beschrieben wird. Ich habe meine Methode auf standardisierte Weise angewandt, soweit das in der therapeutischen menschlichen Interaktion möglich ist.

Die Ergebnisse waren besser, als ich erwarten konnte. Die Beobachtungen zeigen, dass der realistischste Weg, die Ergebnisse der Stimmtherapie einzuschätzen, darin besteht, die Nachuntersuchung mit Standardfragebögen durchzuführen, die die Patienten selbst über ihre Stimme und ihr Wohlbefinden ausfüllen. Ich hoffe, dass dies in Studien und vor allem in der Stimmtherapie und Stimmbildung in Zukunft wiederholt werden kann. Die Prinzipien meines Kurzstimmtherapieverfahrens nenne ich QUICK - Kurzstimmtherapie", unterstützt durch die LAX VOX®-Röhre". Teile der in diesem Buch enthaltenen Studie wurden in einem Poster auf dem **Annual Symposium** vorgestellt: **Pflege der professionellen Stimme im Jahr 2009.**

Ich bin allen dankbar, die den wohltuenden LAX VOX-Genuss mit mir geteilt haben, und widme diese Arbeit meiner Familie und meinen Kollegen, die sich an der Materialsammlung beteiligt haben, sowie all jenen, die mich ermutigt haben, meine Gedanken mitzuteilen, und allen, die neugierig sind, herauszufinden, was die LAX VOX-Röhre sie wissen und beherrschen lässt.

Tampere August 2017

Marketta Sihvo

A. Die Schritte zum Schatz

Hintergrund

Der Hintergrund all meiner Aktivitäten ist meine Lebensgeschichte. Ich habe mehr Erinnerungen an mein eigenes Singen als an das Sprechen, solange ich mich erinnern kann. In meinen ersten neun Lebensjahren lebte meine Familie auf dem idyllischen Lande, umgeben von einem See. Soweit ich mich erinnere, war ich vor dem Schulalter ein einsames kleines Mädchen mit zwei viel älteren Brüdern, ohne Freundinnen. Ich konnte mich frei auf den weiten Hof- und Gartenflächen bewegen, die vom See, dem reizvollen, aber gefährlichen Gewässer, umgeben waren. - Das mag nicht stimmen, aber ich kann mich nicht erinnern, dass ich beim Spielen im Freien Einschränkungen hatte.

Zu meiner akustischen Umgebung gehörten natürliche, schöne und ausdrucksstarke menschliche Stimmen und eine einfache Kommunikation. Ich liebte diesen Dialekt und die Art und Weise, wie die Prediger in der großen Holzkirche ihre Stimme einsetzten. Natürlich hörte ich auch Weinen, Schreien und Wimmern - meistens mich selbst. Vogelgesang, andere Tiergeräusche und verschiedene "Luftschwingungen" wie die von Feuer, Wind, Wasser und Bäumen, manchmal auch Donner, gaben schöne und erschreckende Informationen über die Natur. - Es war lustig, den Kühen beim Muhen zuzusehen und zu beobachten, wie sich ihr

Bauch dabei hin und her bewegte. - Die einzigen lärmenden Maschinen waren der Staubsauger, das nichtsnutzige Radio, manchmal ein Bus, der über den See fuhr, oder ein Flugzeug, das auf dem nahen Flughafen landete, und vielleicht etwas, das durch die Landwirtschaft verursacht wurde.

Nachdem mein Vater aus dem Krieg kam, hing ich an ihm, weil die kleine Schwester die Aufmerksamkeit unserer Mutter brauchte. Ich habe natürlich gesungen, ohne darüber nachzudenken, wie das passiert. Mein Vater war ein professioneller Stimmbildner. Als Teenager interessierte ich mich mehr und mehr für seine Überlegungen, z.b. wie wichtig das vorbereitende Einatmen ist und auf welche Art und Weise man laut singen sollte, ich hörte, dass er die Resonanzen und die Lautstärke willentlich variieren konnte. Seit dieser Zeit habe ich einiges an Wissen über die Stimmerzeugung, die Gesangstechniken, das Lernen und Lehren und die Begegnung mit verschiedenen Menschen gesammelt. Damals gab es noch nicht viele Bücher über Gesang in meiner Reichweite. Später konnte ich zum Beispiel das Brockhaus Konversations Lexikon lesen und anschauen. Ich habe jetzt einen Blick hineingeworfen und bin erstaunt, wie gut die Stimmerzeugung schon vor 1908 beschrieben wurde.

Ich habe also sehr viel Zeit mit erwachsenen und alten Menschen verbracht. Ich brauchte Abwechslung, neue anregende Erfahrungen. Ich testete und imitierte oft Stimmen, die ich hatte und hörte, und beobachtete die Sänger und Sprecher. Wenn die Leute gemeinsam aus dem Gesangbuch sangen, lehnten viele Männer ihren Körper nach vorne, die Ellbogen auf den Knien, aber der Rücken und der Kopf waren gut zum Singen. Die Frauen saßen aufrecht. - Wenn ich allein war, ahmte ich ihre Stimme in Gedanken nach, egal wo. Wenn ich im Bett lag, legte ich ein großes Liederbuch unter mein Kopfkissen und sang, bis ich einschlief. - Jetzt bin ich sehr dankbar für die Geduld und Toleranz meiner Familienmitglieder und der Nachbarn, denn keiner von ihnen hat jemals meinen Stimmgebrauch kommentiert. - Nun, ich wurde gebeten, für die Gäste zu singen, die zum gesellschaftlichen Leben der Familie gehörten. -

Ich habe vorher nicht bemerkt, wie sehr sich diese Dinge auf mein sehr sensibles Gemüt ausgewirkt haben. Ich mag unabhängig und schüchtern sein, "wenn mich alle angucken". Das mag heute nicht mehr zutreffen.

Unsere Familie zog in eine Stadt im Süden Finnlands, die als wichtiger

Eisenbahnknotenpunkt bekannt war. Dort gab es mehr Umweltgeräusche durch Fabriken, Züge und anderen Verkehr. - Dort wurde ich eingeladen, in Chören zu singen und im Duett mit meiner lieben Freundin. Das war eines meiner liebsten Hobbys. - Nun, die Nachteile der ständig wachsenden technischen Entwicklung brachten laute Geräusche, verschmutzte trockene Luft, unerträgliche Arbeitsbedingungen einschließlich Eile und Stress. Die seelischen Erlebnisse wirken sich auf die Stimme aus, weil die Muskulatur rund um das Vokalinstrument verspannt ist.

Warum gibt es heutzutage so viele Stimmprobleme? - Als ich zur Schule ging, hatte, soweit ich mich erinnern kann, kein Lehrer Stimmprobleme. Damals waren die Lehr- und Lernbedingungen im Vergleich zu heute ideal. Es gab keine Hintergrundgeräusche, denn alle Schüler mussten an ihren Tischen sitzen und leise zuhören. Wir mussten richtig stehen, in einer guten Haltung, um die Fragen des Lehrers zu beantworten. Das Lehrerpult stand auf einem Podium. Die Schüler und Lehrer sahen sich während des Unterrichts gegenseitig. In den regelmäßigen Pausen mussten die Schüler nach draußen gehen, um sich auf dem großen Schulhof zu bewegen und zu spielen. Im Klassenzimmer wurde ein Fenster geöffnet, um frische Luft zu bekommen. Damals hatten wir also alle gesunde Arbeitsbedingungen. Heute scheint das Gegenteil der Fall zu sein. Viele Menschen können Hintergrundgeräusche, Luftverschmutzung und trockene Luft nicht vermeiden, die sie heutzutage dazu zwingen, ihre Stimme in verschiedenen Arten von lauten Arbeitsumgebungen zu sehr zu erheben. Das geschieht unbemerkt und kann ganz unmerklich zu einer schädlichen Gewohnheit werden.

Nach Abschluss der zwölfjährigen Schulausbildung hatte ich das brennende Verlangen zu singen, hatte aber nicht den Mut, es zu tun. Es gab auch finanzielle Gründe. Stattdessen begann ich ein philologisches Studium an der Universität Turku und nahm privaten Gesangsunterricht bei mehreren alten, berühmten Sängern und an Sommerkursen teil. Ich lernte eine Menge traditioneller Stimmübungen, verstand aber nicht ganz die unterschwellige körperliche Arbeit darin. Daher war ich nicht in der Lage, die Fähigkeiten aus den Übungen in meinem Sologesang vor Publikum anzuwenden. Meine letzte Lehrerin, die liebe Raili Kostia, eine Opernsängerin, die 14 Jahre lang an einem Opernhaus in Deutschland engagiert war, gab mir etwas ganz Besonderes, mehr Selbstvertrauen. Ich habe jetzt erkannt, dass ich auch von den anderen Lehrern viel "gelernt" habe.

Im Chor des Vereins für die Oper von Tampere lernte ich den Medizinstudenten Erkki

Vilkman kennen. Viele Jahre später, nach meinem Magisterstudium im neuen Studiengang für Logopädie an der Universität Helsinki, erhielt ich mein Zertifikat für den Beruf des Sprach-, Sprech-, Hör-, Stimm- und Kommunikationstherapeuten. Dann hatte ich das Glück, seine Kollegin in der phoniatrischen Ambulanz des Universitätskrankenhauses Tampere zu werden.

Vilkman hatte Visionen für ein Stimmlabor, für instrumentelle Stimmmessungen und ein Projekt zur Vorbeugung von Stimmproblemen bei professionellen und beruflichen Sprechern, das sich auf die Verbesserung der Umgebungsbedingungen beim Sprechen wie Raumakustik, Hintergrundgeräusche und Raumluft konzentriert. Ich wurde eingeladen, dem Forschungsteam beizutreten, das sich mit den Auswirkungen der Umgebungsbedingungen auf die Stimme befasst. Die Studie wurde vom Fonds für Sicherheit und Gesundheitsschutz am Arbeitsplatz unterstützt. In diesem Projekt fügte ich die subjektiven Fragebogenberichte der Probanden zu den anderen Folgemaßnahmen hinzu. Stimmfeldmessung und den Munddruck fünfmal während einer fünfstündigen Stimmbelastung. Dabei habe ich viel über das menschliche Stimmverhalten und den Einsatz von Instrumenten gelernt. Einen Teil des Materials habe ich in meiner Diplomarbeit verwendet. In der heutigen Zeit kann der orale Druck leicht mit Hilfe von Computerprogrammen gemessen werden, um eine Rückmeldung in der Therapie zu erhalten.

Die erste mögliche Verbesserung könnte darin bestehen, den künftigen professionellen und beruflichen Sprechern im Rahmen ihrer Ausbildung die Ergonomie des Sprechens zu vermitteln. Sie könnten dann ihre Stimme schützen und anspruchsvolle Sprechaufgaben unter verschiedenen Umgebungsbedingungen bewältigen. Zuvor sollten Informationen in Vorträgen oder Seminaren vermittelt werden, bevor die Mitarbeiter eine individuelle Stimmtherapie benötigen. Am wichtigsten ist es, die Akustik von Arbeitsräumen zu berücksichtigen, die für die stimmliche Kommunikation gebaut wurden.

- Ich hatte Intuition und "Begeisterungsfähigkeit", um neue Therapietechniken zu erlernen und zu erproben, und besuchte zahlreiche Gesangskonferenzen, darunter die jährlichen Gesangskonferenzen in Philadelphia und die Pacific Voice Conferences in San Francisco, und nahm an allen Pan European Voice Conference seit der ersten in London teil. Ich hielt kurze Präsentationen über die Studienergebnisse unseres Teams und lernte aus eigener Erfahrung, wie sich Leistungsstress auf meine Stimme auswirkt und wie ich damit umgehen kann. Auch mein Selbstvertrauen hat sich durch das Training und die Wiederholungen und das gegebene Feedback vielleicht normalisiert. Ich habe gesehen, dass sogar die Gurus ihre Rede vor den Präsentationen trainieren.

## 1. Die Einsicht einer neuen Haltung

*Um einen neuen Blick auf die Hindernisse zu bekommen, müssen Sie Ihre Einstellung ändern.*

1.

Ich **musste einen Weg finden, um** die Wartezeiten für die Stimmtherapie zu **verkürzen.** Ich verlagerte den Schwerpunkt **von der** Analyse **der Fehler der** Patienten **und der dysphonischen** Stimmqualität auf ihre vorhandenen Fähigkeiten**, Erwartungen und** Bedürfnisse.

**Die Rückmeldungen der** Patienten **haben den** Erfolg **meines** Therapieverfahrens **gezeigt.** Er ergibt sich aus meiner Persönlichkeit, zu der folgende Eigenschaften gehören: frühere Lebenserfahrungen**, Neugier, Kreativität, Begeisterung für** menschliche Stimmen, Klänge**,** Gesang **und Musik, Bereitschaft, Probleme** zu lösen und **die Liebe, anderen zu helfen.** Meine frühere **Ausbildung** in Singen, Lernen, **Lehren** und Therapiemethoden **führte mich zur** Arbeit mit Menschen, die unter Stimmproblemen litten, sei es durch berufsbedingte Lebenssituationen, **durch Krankheiten** oder durch das **Älterwerden.**

Die positive Einstellung zum Lernen scheint sich seit vielen Jahrzehnten mit Ideologien wie der Kodaly-Pädagogik, der Suggestopädie und der Suzuki-Methode, der Kurzzeit-Psychotherapie, dem Neurolinguistischen Programmieren und anderen ähnlichen Trends verbreitet zu haben. Es handelt sich dabei um Erziehungsmethoden, die sich mehr auf das Experimentieren, die Wiederholung in der Praxis als auf die formale Aneignung der Regeln konzentrieren.

Die positive Einstellung zum Lernen, Lehren und zur Therapie war überzeugend. Ich hatte ihre inspirierenden Hauptgedanken aufgegriffen: mit dem Einfachsten beginnen, das jeder kann, es wiederholen, bis es beherrscht wird, dann einige Aspekte hinzufügen usw.: "Lernen durch Tun" und "was du heute gelernt hast, kannst du morgen lehren". Es gibt lateinische Sprichwörter "repetition est mater studiorum" (Wiederholung ist die Mutter des Lernens) und "docendo discimus" (durch Lehren lernen wir). Es ist wie ein Wettbewerb mit sich selbst. Die eigenen Ideen der Lernenden werden respektiert. - Meine Idee war also eigentlich nichts Neues.

Ich wandte diese Ideen auf die Stimmtherapie an. Optimistisch beschloss ich, unauffällig **Appell an die Intelligenz** des ansonsten gesunden professionellen Sprechers - Patienten (im Krankenhaus) oder - der Kunden, Ausbilder oder Lernenden (anderswo). Ich beschloss, die bisherige Tradition der langjährigen Stimmtherapie zu verlassen, die darin bestand, dysphonische Merkmale und Fehler aufzulisten und zu versuchen, sie zu vermeiden. Ich wollte meine Ideen einige Zeit lang testen. Gleichzeitig verringerte die Kurztherapie die Wartezeiten für die Patienten in der Warteschlange und die Zahl der Stimmpatienten, denen geholfen wurde.

Zu der Zeit, als ich meine Stelle antrat, lag der Trend in der Luft, sich mehr auf die Patienten zu konzentrieren und weniger autoritär zu sein, den Patienten aufmerksam zuzuhören und auf die individuellen Wünsche und Bedürfnisse der Patienten einzugehen. Meine Überlegungen gingen in diese Richtung, und ich versuchte, neue Wege zu finden, um den unzufriedenen Patienten bei der Überwindung ihrer Stimmprobleme zu helfen.

Im Bereich der Logopädie wurde die Dysphonie als schwierige Angelegenheit angesehen. Die gängige Meinung war, dass zwanzig Therapiesitzungen pro Person das unverzichtbare Minimum an Therapiesitzungen sein sollten. Die Ergebnisse hängen von der Lehrmethode und der gegenseitigen Beziehung zwischen Patient und Therapeut ab. Im ganzen Land gab es nicht viele Experten. - Leider verschlimmert sich die Situation für die Dysphoniker oft noch. Ohne das nötige Wissen über die stimmlichen Fähigkeiten überlasten sie weiterhin ihr Stimminstrument, indem sie zu laut und zu lange sprechen, manchmal mehr als wirklich nötig.

Die Stimme gilt als etwas Mysteriöses, sehr Beeindruckendes und als dominierender Faktor in der menschlichen Kommunikation. Sie ist ein heikles, intimes und schüchternes Thema für einen Sprecher.

Viele Menschen können ihren Stimmbildungsprozess nicht ohne Unannehmlichkeiten analysieren, obwohl sie ihre Stimme ständig benutzen. Sie stellen sich vor, dass eine gute Stimme eine schwierige Fähigkeit von Sängern ist, obwohl Stimme wie Gehen ist, "es passiert uns". Wir lernen schon sehr früh im Leben, die Stimme für die Kommunikation zu nutzen, indem wir die vertrauten Kommunikationsgewohnheiten übernehmen. Manche Menschen sprechen so lange, bis die Stimme heiser wird, nicht mehr hörbar ist, nicht mehr gut klingt, viel Anstrengung erfordert oder schmerzhafte Empfindungen im Kehlkopfbereich verursacht. Dann kann Arbeitsunfähigkeit drohen.

Aber Stimme ist Arbeit, eine Muskeltätigkeit. Wir können sie sogar bewusst steuern. Wie bereits erwähnt, hat die technische und digitale Entwicklung schädliche Faktoren wie Hintergrundlärm, Luftverschmutzung und Trockenheit durch Klimaanlagen mit sich gebracht! Die andere Partei in der verbalen Kommunikation ist der empfangende Sinn, das Ohr und das Gehör. Beide Parteien leiden unter den gleichen, oben genannten Merkmalen des modernen Lebens und der Arbeitsbedingungen. Für beide ist der Luftstrom unverzichtbar.

- Es ist immer noch normal, dass selbst die Ausbildung von professionellen Sprechern nicht das Training von Fähigkeiten beinhaltet, die zur Bewältigung beruflicher Belastungsfaktoren notwendig sind. Tatsächlich aktivieren und motivieren die Schwierigkeiten, die durch die beruflichen Anforderungen an die Stimme entstehen, die Menschen, die eigene Stimmkontrolle und -pflege zu erlernen. Dann wird den Menschen bewusst, was sie eigentlich schon über ihre eigene Stimme und die überfordernden Arbeitsumgebungen und -bedingungen wissen.

**Unterschiedliche Perspektiven zum Ausdruck bringen**

* Stimme - unsichtbares physikalisches Phänomen

* Stimmerzeugung - automatische, spontane Funktion, die früh im Leben übernommen wird
* Ergonomische Stimmerzeugung - bewusste Kontrolle der Stimme, Regulierung des Luftstroms durch angemessene Muskelarbeit
* Aerodynamik und Biomechanik
* Anatomie und Physiologie
* Audiologie, akustische Analyse
* Die Stimme als Instrument der sozialen Kommunikation am Arbeitsplatz
* Stimmtherapie, Pflege, Heilung und Erziehung

Aufgrund des gewachsenen Bewusstseins für die beruflichen Stimmprobleme gibt es heute mehr professionelle Virologen, Sänger und Stimmtrainer, die Gesang unterrichten oder sich um das physiologische und körperliche Wohlbefinden kümmern, indem sie Entspannung, Stimmmassage usw. lehren.

Der allgemeine Glaube war, dass die Verbesserung der persönlichen Stimmgewohnheiten zu erreichen ist. Ich hatte das Glück, meine Ideen einer kurzen Stimmtherapie zu testen, um Patienten zu helfen, die ihre Stimmprobleme bei einem Phoniater loswerden wollten, der sie zur Therapie überweisen konnte. Der gesamte Prozess sollte weniger zeitaufwendig und kostengünstig sein.

Die Tradition der Stimmtherapie basiert auf den Übungen, die in der Gesangsausbildung verwendet werden. Die Gesangslehrer wählten die Übungen aus, die sich als erfolgreich erwiesen haben. Opern- und klassischer Gesang kann als so etwas wie Stimmakrobatik betrachtet werden, die nur wenige Menschen beherrschen müssen. Gemeinsame Themen in der Ausbildung sind die speziellen Übungen für verschiedene Funktionen: für die Haltung, für die Atmung, für die Stimmkontrolle, für die Konzentration, für den Ring usw. Für normale Stimmbildner gibt es eine Lücke zwischen den Stimmbildungsübungen und dem fließenden Sprechen. Ich bin Sängern begegnet, deren Sprechstimme nicht wie erwartet funktioniert.

Darüber hinaus bestanden die verbalen Erklärungen des Therapeuten oder Gesangslehrers zu ihren eigenen Empfindungen oft aus einem Fachjargon, einem speziellen professionellen Dialekt und imaginären Ausdrücken, die für naive, "normale" Stimmbürger unverständlich und unverständlich sind.

**Gleichzeitige Funktionen bei der Stimmerzeugung**

1. Körperhaltung des Systems (Instrument)
2. Atmung (seufzend nasale Einatmung)
3. Beginn der Vokalisation, Beginn der Stimme
4. Kontrolle von Tonhöhe und Lautstärke
5. Vokale Aufgabe usw.

Es ist ziemlich verwirrend, die zahlreichen Funktionen gleichzeitig zu beobachten und zu kontrollieren. Der Weg von einer einzigen Übung zu Sprache und Gesang kann voller Hindernisse sein. Diese Probleme sind sehr deprimierend und führen zu Pessimismus. - Meine Idee war es, die täglichen Sprechaufgaben des einzelnen Patienten als Übungen zu Hause und am Arbeitsplatz zu verwenden.

**3. Die QUICK-Stimmtherapie**

Die Stimmpatienten halten vielleicht nicht viel von sich selbst, wenn sie zum ersten Mal den Therapeuten aufsuchen. Viele Patienten waren Berufssprecher, die unter schlechten Sprechbedingungen und anspruchsvollen Sprechaufgaben gearbeitet haben, unter Stimmproblemen und Dysphonie litten und vielleicht auch unter einer schlechten Umgebung und psychischem Stress. Einige von ihnen leben in Stadtteilen, die weit vom Krankenhaus entfernt sind. Sie sind oft von der Arbeit freigestellt worden und haben einen Arzt oder Kehlkopfspezialisten aufgesucht, der sie schließlich an die Ambulanz des Universitätskrankenhauses verwiesen hat, wo ein Stimmtherapeut aufgesucht werden konnte. Sie waren nicht bereit, oft einen Tag von der Arbeit freizunehmen, um zur Therapie zu kommen, und ihr Gehalt für diesen Tag zu verlieren. Vielleicht haben sie Angst, ihre Arbeitsfähigkeit zu verlieren oder arbeitslos zu werden. Die gestressten Patienten suchten Hilfe und waren bereit, selbst etwas zu unternehmen. Sie brauchten einen Rat und eine Anleitung. Nach dem langen Leidensweg war eine gute Beziehung zwischen Patient und Therapeut leicht herzustellen.

ERGONOMIE DER STIMME[1]

---

[1] Definition von Ergonomie: eine angewandte Wissenschaft, die sich mit der Gestaltung und Anordnung von

Es sollte ein Gleichgewicht zwischen der Biologie, dem Stimmgebrauch und der stimmlichen Belastung gefunden werden. Stimmtherapie und eigene Stimmpflege verhelfen dem Einzelnen zum Erfolg.

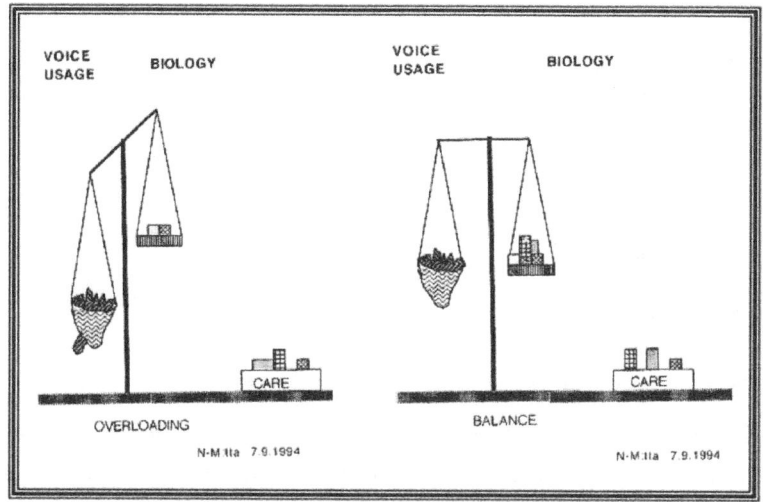

**Häufige Ursachen für Stimmprobleme**

o Sprachmissbrauch und -missbrauch

Umweltfaktoren

o Hintergrundgeräusche

o Verschmutzte und trockene Raumluft

o Raumakustik, nicht zum Sprechen geeignet

o Große Entfernung zwischen Sprecher und Zuhörer

Gehörschäden

Krankheiten

Persönlichkeit usw.

---

Dingen befasst, die von Menschen benutzt werden, so dass Menschen und Dinge möglichst effizient und sicher zusammenwirken? auch Biotechnologie, Human Engineering, Human Factors genannt. Erstmals 1949 verwendet.

**Häufige dysphonische Symptome**

❖ Heiserkeit

❖ Sprachpausen

❖ Ermüdung der Stimme

❖ Mangelnde Lautstärke

❖ Stimmverlust

❖ Mängel in der Sprachqualität

❖ Schmerzhafte Empfindungen

❖ Dehnung etc.

Mein ehrgeiziges **Ziel** war es, einen Zauberstab oder etwas zu finden, an das sich die Menschen von der ersten Sitzung an erinnern würden und selbst nach einer einzigen Sitzung mehr über ihre Stimme wüssten als zuvor. Ich habe versucht, sie anzuleiten, selbst Wege zu finden, sich um ihre Stimme zu kümmern und ihre Haltbarkeit zu sichern! Sie sollten die Verantwortung für den Fortschritt und den Erfolg selbst übernehmen, indem sie jeden Tag zu Hause und sogar bei der Arbeit trainieren, bis sie intuitiv einen schädlichen Gebrauch der Stimme vermeiden. Sie sollten lernen, mit den Risiken umzugehen, optimistisch zu denken, ihre stimmlichen Erfolge zu markieren und die vergangenen gelegentlichen und gewohnheitsmäßigen Fehler zu vergessen. "Auf jeden Fall", sagte ich, "wissen Sie jetzt mehr über Ihre Stimme als die meisten Menschen um Sie herum". Fehler sind erwartbar und lehren uns (auch den Therapeuten).

Als die Ergonomie der Stimme zur Sprache kam, schien jeder zu verstehen, unter welcher Art von Überlastung er gearbeitet hatte. Das zweite, was zu tun ist, ist, die individuellen Sprechbedingungen zu ändern, z. B. den Abstand, die Nähe zu den Zuhörern und die Wahl des bestmöglichen Platzes, an dem man während des Sprechens steht, was die Akustik betrifft. - Ich mag von Natur aus Optimist sein, aber ich habe mich entschieden**, positiv zu sein, auf die** Vernunft des Patienten zu vertrauen, sein Selbstvertrauen zu stärken und sein Verhalten nicht verbal zu analysieren. - Freundlich und mit guter Stimme zu sprechen, kann ein Trick sein, um das ergonomische Stimmverhalten zu vermitteln. Im Allgemeinen machen wir uns das Verhalten der Autorität zu eigen. Wir sollten gute Vorbilder geben. Einmal fühlte ich mich bei einer heiseren Lehrerin sehr unwohl. Sie sprach sehr laut, weil es ihr bei der Arbeit zur Gewohnheit geworden war. Es war schwer, ihr klarzumachen, was ich versuchte zu versichern, dass sie während des Unterrichts die Haltung des Chefs einnehmen sollte. Sie sagte immer wieder. "Ja, aber in unserer Schule ist es unmöglich, das Schreien zu vermeiden." Mein zweifelndes Gesicht hat sie wohl zögern lassen. Als ich sie das nächste Mal traf, verriet sie mir ihren Trick. Sie war ins Klassenzimmer gegangen und hatte kein Wort gesagt, bevor die Kinder ruhig waren. Von diesem Tag an achteten die Schüler gegenseitig auf ihr gutes Benehmen und ihre Ruhe.

Als ich merkte, wie wichtig es ist, eine klare realistische Vorstellung von der Bedeutung des physikalischen Phänomens "menschliche Stimme" zu haben, begann ich, mir Fragen zu stellen und über die Themen nachzudenken:

1. "Was ist eine Stimme?"

Meine einfache Antwort: Es ist Luft, ein vibrierender Luftstrom, der vom Ohr und dem Gehör aufgenommen wird.

2. Was ist eine "gute Stimme"?

Anstatt die Worte aufzuzählen, die die schlechten Stimmqualitäten beschreiben, lautet meine Antwort nun: Eine gute Stimme ist 1) leicht zu produzieren, 2) angenehm zu hören und 3) hat Ausdauer bei den Aufgaben, die der Beruf der Person erfordert. Dazu gehören stimmliche Fähigkeiten und persönliche Stimmpflege.

Eines Tages fand ich eine alte Zeitung mit meinem Interview darin. Es trug den Titel: *"Wir alle haben mehrere Stimmen"*. Das bedeutet, dass beim spontanen Sprechen die Gefühle, oder das Fehlen von ihnen, die Botschaft des verbalen Ausdrucks beenden. Das kann auch absichtlich geschehen. Wir können beschließen, in allen Situationen freundlich zu sprechen, und das kann andere beruhigen und trösten.

3. "Wie lerne ich am besten?"

Die Antwort lautet "by doing", durch praktisches motorisches Training. - Damit sollte sofort nach der ersten Stimmtherapie-Sitzung begonnen werden können und nicht erst in der nächsten Therapiesitzung. - Ich bin verpflichtet zu sagen, was zu tun ist!

4. "Was muss man über Stimme und Stimmproduktion wissen?"

Es ist nicht notwendig, sehr detaillierte Fakten über den enorm komplizierten menschlichen Stimmerzeuger zu kennen. Die Empfindungen des Körpers machen den Menschen auf die gesunden Funktionen seines Stimmorgans aufmerksam, da es unbemerkt funktioniert hat. Das Erkennen kann zum so genannten stillen Wissen werden. Dann bemerken wir unsere Gewohnheiten, Betonungen, Pausen und Tonhöhenvariationen der Stimme zu verwenden, die den Worten eine besondere Bedeutung verleihen. Die Stimme ist der Spiegel unserer Seele, der die Botschaft über das Auge hinaus trägt, sei es von der anderen Seite des Globus oder von einem Astronauten im Weltraum. Besonders reizvoll ist, dass beredtes Sprechen leicht zu produzieren ist und vom Zuhörer leicht "aufgenommen" wird. Sie weckt auch das Gehirn und das Interesse des Zuhörers.

5. "In welcher Reihenfolge sollte man Informationen am besten weitergeben?"

Das erste Modell wird von den Patienten selbst gegeben, beginnend mit der Beobachtung des einfachsten "hmm", um dann in einzelnen kleinen Schritten zu komplizierterer Phonation und Sprache überzugehen, wobei die Bedürfnisse des Patienten berücksichtigt werden. Das einfachste Modell könnte darin bestehen, längere /u:/- Phonationen zu wiederholen und dabei zu spüren, wo im Körper etwas passiert ist. Das kann man in verschiedenen Vokalisationen machen, und dann einfach den Sachverhalt besprechen.

6. "Wie macht man es leicht zu verstehen, zu glauben und zu lernen?

Tatsache ist, dass wir glauben, was wir selbst erlebt und verstanden haben, unsere eigenen Vorstellungen. - Wie schafft man Erfolgserlebnisse für die unzufriedenen Patienten? - Fragen Sie ihn nach seiner Meinung, wenn er seine eigenen Leistungen mit den früheren Erfahrungen vergleicht. Beginnen Sie in der Praxis mit einfachen Aufgaben, die der Patient sicher aussprechen kann. Die Übungen sollten interessant, einfach und effektiv sein. Entscheidend ist, dass die Lernenden die Übung gerne und mit Freude täglich zu Hause wiederholen und die Fortschritte spüren.

7. "Wie ist das Hintergrundwissen des einzelnen Patienten?"

Wenn der Patient die Sitzung nicht mit der Beschreibung des Problems beginnt, fragen Sie danach und finden Sie heraus, was der einzelne Patient über Stimme und gesunde Stimmerzeugung denkt. Während der Patient das Problem schildert, kann der Therapeut der Stimme zuhören und die eigenen Ideen und den "Dialekt" der Person kennenlernen. Dann sollte der Therapeut in Zukunft die eigenen Ausdrücke der Patientin verwenden, bis sie die neuen Ausdrücke benutzt.

An dieser Stelle kann das Ziel dieser Sitzung leicht vergessen werden. Wir sollten nicht zu sehr über die Erfahrungen der Vergangenheit diskutieren, sondern optimistisch in die Zukunft blicken. - Es ist nie zu spät, zu lernen und glücklicher zu werden.

Diese Antworten führten mich dazu, meine Methode mit den Prinzipien zu entwickeln, die ich QUICK-Kurzstimmtherapie nannte. Man könnte sie auch "gezielte Stimmtherapie" nennen.

**Qu** steht für Fragen

*I* wie Intelligenz, Informationen, Erkenntnisse

**C** wie Bewusstheit, Kontrolle

**K** wie Wissen und Knowhow

Ich begann die Interaktion mit jedem Patienten, indem ich ihnen die gleiche unerwartete Frage stellte, die ich mir selbst gestellt hatte, die Fragen, die sie vielleicht "entwaffnet" hatten: "Was denken **Sie**, was diese Stimme ist?" Sie hatten etwas anderes erwartet. Diese Frage brachte sie dazu, ernsthaft nachzudenken, sich zu konzentrieren, zuzuhören und neugierig zu werden. Die meisten erklärten, dass sie noch nie darüber nachgedacht hatten, was eine Stimme ist. Einige von ihnen begannen zu erklären, wozu wir sie benutzen. Mein Kommentar war die kurze Erklärung: "Es ist Luft, die Vibration des Ausatmungsluftstroms." "OH!", sagte ein neunjähriger Junge, "ergo, dann ist es Kohlendioxid!" -

Das Thema "Wie entsteht die Stimme in Ihrem Körper?" ist die Grundlage für die Stimmtherapie. Normalerweise atmen wir beim Sprechen spontan etwas tiefer ein als bei der ruhigen Atmung, um einen ausreichend hohen Luftdruck unter den Stimmlippen zu erzeugen, der die Schleimhaut in Schwingung versetzt. Es ist normal, von Schallwellen zu sprechen. Bei anderen Menschen bemerken wir ein intuitives vorbereitendes Einatmen, wenn sie etwas sagen wollen.

Dieses vorbereitende Einatmen ist sehr wichtig, es ist entscheidend für flüssiges Sprechen. Man kann sagen, dass das Sprechen mit ihm beginnt. Er ist für die Menschen spürbar, die den Sprecher ansehen, aber nicht hören. Es sollte nasal sein, aber kein hörbares Schniefen. Wenn das immer wieder vorkommt, verspürt der Zuhörer die Tendenz, sich dem unruhigen

Schnaufen anzuschließen. Sie werden genervt, da sich die Stimme bald verschlechtern wird. Die Schleimhäute werden dehydriert und ihre Schwingung erfordert mehr Anstrengung. Außerdem neigt sich der Kopf nach hinten, und als Dominoeffekt ist die Atmung nicht mehr optimal usw.

Stattdessen sollte der Sprecher innehalten, die Luft einströmen lassen und dann das zentrale Nervensystem den Luftstrom mit dem Bedarf der folgenden gesprochenen Sätze abstimmen, sei es leise oder laut und in hoher oder tiefer Tonlage, sowie die Länge des Ausdrucks. Das geschieht spontan, wenn wir keine Eile oder Zeitmangel im Sinn haben. Zu schnelles Sprechen führt zu einer Verschlechterung der Stimmqualität, und der Teufelskreis der Stimmprobleme kann beginnen, der manchmal in Stimmlippenknötchen oder anderen Läsionen in den Stimmlippen endet.

- Und die Zuhörer sind unglücklich, wenn der schnelle "Wortschwarm" und die Themen an ihrem Ohr und Gehirn vorbeiziehen. Schnelles Sprechen ohne richtige Einatmungspausen lässt auch den Zuhörer außer Atem geraten. Die Leute erklären, dass sie wenig Zeit und viel zu sagen haben. Ich bin der Meinung, dass wir sorgfältiger darüber nachdenken sollten, was unsere Botschaft ist und was wir sagen müssen, und den Zuhörern Zeit geben sollten, die gegebenen Informationen zu verarbeiten. Meiner Erfahrung nach stellen die Zuhörer dabei Fragen. Es ist wichtig, die Frage zu beantworten, die sie hören wollen, als all unsere Gedanken und unser Wissen mitzuteilen.

Das habe ich von jedem Patienten verlangt, weil ich einfach und sachlich darüber erzählen und unseren gemeinsamen klaren "Dialekt" schaffen wollte, indem ich die Konzepte des Patienten benutzte: Früher wurde die "Stimme intuitiv erzeugt" in der Person und im Körper, von nun an können sie bewusst "Stimme erzeugen" mit dem Atemsystem. Eine anschauliche Darstellung der Lunge findet sich im Internet unter w ww. breathingcoordination.com.

Die Lunge ist die oberste Luftzufuhr im Körper. Das Zwerchfell ist ein flacher, kuppelförmiger Muskel, der unterhalb der Lunge angebracht ist und automatisch in vertikaler Richtung funktioniert, indem er die Luft nach außen drückt und sich entspannt, um Luft hineinzulassen, solange wir leben. Wir lernen es am besten kennen, indem wir uns auf die horizontale Bewegung der Seiten unseres Körpers konzentrieren. Wir können die Atmung kontrollieren, indem wir den Brustkorb weiten. Er weitet sich beim Einatmen durch die äußere Schicht der Zwischenrippenmuskeln und verengt sich durch die innere Schicht der Zwischenrippenmuskeln. Dies wird deutlicher, wenn wir den Bauch festhalten. Wir bemerken, dass sich der Brustkorb mehr bewegt. Die zahlreichen Bauch- und Rückenmuskeln arbeiten mit dem Zwerchfell zusammen, und wir können sie gedanklich für die Kontrolle der Stimme nutzen. Die herausragenden Funktionen, die wir bewusst steuern können, sind das Ausblasen **von** Luft und das "Entleeren" der Lungen oder das **Ansaugen von** Luft und das **Festhalten der Luft**, indem wir entweder verhindern, dass sich die Seiten entspannen oder nach unten gehen, oder indem wir die Stimmritze oder die Nasenhöhle (mit dem Zäpfchen) für eine Weile schließen. Der Glottisverschluss oder "harte Angriff" ist eher zu vermeiden, da der hohe Druck die Kehlkopfmuskulatur belastet. Wir benutzen die Extremitäten der Atmung nur selten.

Der enge Verschluss der Stimmritze dient beim Husten und Schlucken. Er verhindert, dass der Bolus in die Luftröhre und die Lunge gelangt. Es gibt noch zwei weitere Verschlussmechanismen, nämlich die falschen Stimmlippen oberhalb der Stimmlippen und den Kehldeckel oben. Husten ist der intuitive Weg, um die zusätzlichen Partikel aus den Bronchien zu entfernen. **Keuchen** ist eine schnelle Variante der kurzen Ein- und Ausatmungsphasen.

Die Stimme wird durch die winzigen Stimmmuskeln, die Stimmlippen, erzeugt, die seitlich hinter dem Adamsapfel liegen. Sie verlaufen oberhalb der Luftröhre, beginnend nebeneinander von vorne. (Schauen Sie sie sich im Internet an) Auf der Rückseite sind die anderen Enden an zwei kleinen beweglichen Knorpeln befestigt, die sich beim Atmen auseinander bewegen. Bei ruhiger Atmung ist die Öffnung dreieckig. Die Stimmlippen bestehen aus mehreren verschiedenen Gewebeschichten. Beim Stimmbruch nähern sich die Stimmlippenmuskeln so weit an, dass die feuchten, leicht vibrierenden Schleimhäute von beiden Seiten kurz aufeinandertreffen und den Luftstrom unter Gehirnkontrolle zerschneiden. Das ist die Stimme. Die Muskeln steuern die Stimmhöhe, also die Frequenz der Schwingung. - Dem Leser wird empfohlen, dies im Internet zu vertiefen, falls erforderlich. Die durchschnittliche Schwingungsgeschwindigkeit der männlichen Stimmlippen liegt bei etwa 100 Hz, d. h. 100 Zyklen in einer Sekunde. Bei den kürzeren weiblichen Stimmlippen liegt die durchschnittliche Frequenz bei etwa 200 Hz. Dieser Unterschied ist auf die Größe der Knorpel und der Glottis (Stimmlippenbereich) zurückzuführen. Männer haben dickere und längere Stimmlippen als Frauen. Daher schwingen sie langsamer. Aufeinanderfolgende Schwingungen sind nicht identisch, sondern variieren stark. Wenn die aufeinanderfolgenden Impulse nicht variieren, klingt die Stimme eintönig wie die eines Roboters. Nein, dank der digitalen Technologie können die Roboter wie Menschen sprechen.

Schädlich sind zu harte Anfälle, die auftreten, wenn es aus dem einen oder anderen Grund zu übermäßigen Spannungen im Kehlkopfsystem kommt, das für viele Arten von Reaktionen anfällig ist, auch für psychische Belastungen. Beim Husten, beim Sprechen und beim Schreien treten harte Anfälle auf, wenn die Stimmlippen zu stark zusammenstoßen und aus dem Gleichgewicht mit den anderen Faktoren geraten.

Einmal blätterte ich in dem Liederbuch meiner Großmutter. Am Anfang des Buches stand ein kleines Lied, das ich immer als zu einfach empfunden hatte. Aber jetzt erregte der Text zum ersten Mal meine Aufmerksamkeit: "Steh immer in guter Haltung, wenn du singen willst. Wenn die Haltung träge ist, wird deine Stimme lustlos sein." Atme immer tief..." "Artikuliere die Worte deutlich... ". Das Buch ist aus dem Jahr 1927, 3$^{rd}$ Auflage. - Sie haben alles schon gewusst, und es den Kindern beigebracht, durch Singen!

Die Körperhaltung ist beim Sprechen und Singen deshalb so wichtig, weil das menschliche Gesangsinstrument, wie andere Instrumente auch, eine optimale Sitz- oder Stehposition benötigt. Das ist eine aufrechte Haltung. Dann ist im Körper genügend Platz für die bestmöglichen Bewegungen, die für eine optimale Stimmerzeugung nötig sind.

In der Sitzhaltung sollte das Gewicht des Körpers auf dem Stuhl ausbalanciert sein, so dass wir das Gewicht auf den Knochen spüren, die gerade nach unten zeigen. Man hat uns geraten, ganz hinten auf dem Stuhl oder Sitz zu sitzen. Dann sind wir meist aus dem Gleichgewicht und müssen einen erträglichen Weg suchen, um dort zu bleiben. Jetzt wird uns geraten, auf einem ziemlich hohen Hocker zu sitzen, je nach unserer Größe, wo die Füße auf dem Boden aufliegen, oder vorne auf dem Sitz. Andernfalls neigt sich bei vielen Menschen der Nacken nach hinten und verspannt das Kehlkopfsystem im vorderen Halsbereich, **was die Atembewegungen einschränkt**. Haltungsfehler wirken sich oft auf Kopf, Nacken, Schultern und Rücken aus und verursachen Schmerzen und Steifheit, vor allem bei langem Sitzen auf einem unbequemen Stuhl. - Ich bin sehr froh, dass ich **vor** Jahrzehnten einen bequemen, verstellbaren **Hocker** mit **einer** dreieckigen **Sitzfläche** gefunden habe. Die **Haltung** darauf **nenne ich** "fast stehend". **Moderne Stühle sind teuer,** aber für unser **Wohlbefinden** sind sie die Anschaffung wert. Die Abbildung unten stammt von Iisakki Harma aus dem Buch **von** Sala, Hellgren, Ketola, **Laine**, Olkinuora, Rantala Sihvo, Aaniergonomian kartoitusopas. **Tyoterveyslaitos**. Helsinki **Finnland**. 2009. Die Erlaubnis zur Veröffentlichung wird erteilt.

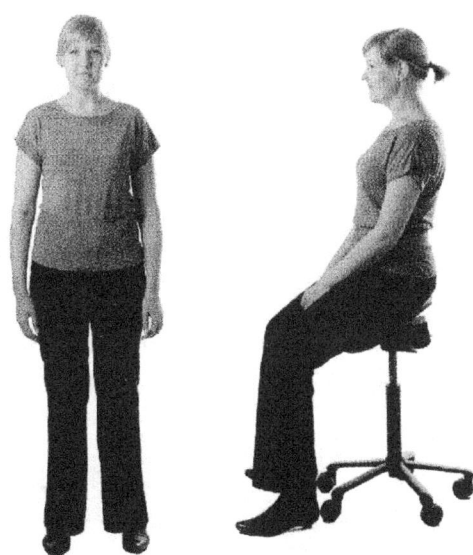

Der Atemweg oder Stimmtrakt filtert den "primären" Stimmklang auf typische Weise. Durch die Veränderung der Konfiguration des Hohlraums wird der Vokalring modifiziert. Die Zunge und die Lippen bewegen sich in unterschiedlichen Konfigurationen und erzeugen verschiedene Laute, die Vokale. Ihr Zusammenspiel erzeugt die Konsonanten. Die Mundöffnung, der Ausgang zwischen den Lippen, macht die Sprache deutlicher. Die Laute variieren von Person zu Person und von Sprache zu Sprache. Sie variieren auch zwischen den Sprechweisen und drücken Gefühle aus.

Die Informationen werden dem Patienten zusammen mit Illustrationen, mit Bildern oder Videos der eigenen Kehlkopffunktion und vor allem mit Selbstbeobachtungen vermittelt. Wir besprechen auch die beruflichen Anforderungen, die an die Sprechstimme gestellt werden, und wollen die Umgebungsbedingungen für das Sprechen ändern und Wege zur Erhaltung einer guten Stimme vermitteln.

Die Fragen überraschen sie, machen sie neugierig und regen ihr Denken an. Sie lenken die Aufmerksamkeit direkt auf das Ziel, eine leicht funktionierende, erträgliche, tragende

Stimme, die angenehm zu hören ist. - Was auch immer der Patient antwortet, der Therapeut sollte es akzeptieren und, wenn nötig, einfach sagen: "Stimme ist vibrierender Luftstrom! Spüren Sie es, indem Sie Ihre Hand vor den Mund halten, wenn Sie etwas sagen".

Die meisten Menschen haben sich noch nie Gedanken über die Stimmerzeugung gemacht, solange ihre Stimme ihre Anforderungen erfüllte. Wenn sie versagt, kann der Kehlkopf Unbehagen oder Missempfindungen verursachen. Der Arzt hat vielleicht eine Läsion an der Stimmlippenschleimhaut festgestellt. In der Regel beginnt der Klient, seine belastenden Stimmerfahrungen zu erklären. Die Liste der verbalen Stimmbeschwerden ist lang. Es ist nicht notwendig, ins Detail zu gehen oder Zeit mit phantasievollen Erklärungen zu verbringen. Der Therapeut sollte auf die Stimme des Patienten hören und seine Sprechgewohnheiten sowie seinen Wortschatz beobachten. Auf diese Weise schaffen Patient und Therapeut ein gemeinsames Vokabular, das zu den anatomischen und physiologischen Gegebenheiten passt. Beide Teilnehmer sollten die genaue Bedeutung eines jeden Begriffs kennen und spüren. - Es gibt Patienten, die viel über die Stimmproduktion wissen, aber Hilfe brauchen.

Denken Sie hier daran, dass weniger mehr ist. Die Erklärung sollte deutlich, in langsamer Sprache und mit einigen Illustrationen verdeutlicht werden. Oder der Lernende kann den Bereich seines Stimmsystems ertasten. "Siehst du, du merkst es", "gut, du kannst es", "du kannst diese Teile kontrollieren" usw. in ermutigendem Ton. Diese positive Atmosphäre sollte beibehalten werden. Es ist üblich, dass der erste Phonationsversuch die grundlegenden Empfindungen vermittelt. Auch die schlechten Versuche werden bei Wiederholung intuitiv verbessert. Der dritte Versuch ist normalerweise viel besser als der erste, wenn nicht sogar der beste. Auf diese Weise führt der Therapeut den Klienten dazu, seine eigene natürliche Stimme für verschiedene Aufgaben zu finden. Die Stimme ist eine Aktivität, eine Arbeit des Stimmapparates, die wir kontrollieren können, während der "Empfänger", das Hörvermögen, eine angeborene Qualität der Sinne des Menschen ist, die mit dem Alter oder bei Unfällen nachlässt. Wie wir wissen, hängt das Hörvermögen auch von der Konzentration, dem Zuhören, dem Interesse, dem Wunsch zu hören und von den Umgebungsgeräuschen und der Akustik ab.

## 4. Suche nach dem Silikonschlauch

Die Wartezeit bis zur Stimmtherapie wurde verkürzt, indem die Zahl der Therapiesitzungen von zwanzig auf drei, vier oder fünf reduziert wurde, wenn es nötig war. Ich war mit den Methoden, die ich gelernt hatte, nicht zufrieden gewesen. Es mussten neue Wege gefunden werden, um auf die Bedürfnisse der leidenden Menschen einzugehen. Ich habe selbst die Erfahrung gemacht, wie schwierig es ist, die Stimme unter Stress zu kontrollieren. Es war und ist auch jetzt kein Problem, den Mund zu halten. Ich hatte Wissen über das Thema, Neugier, Kreativität, Intuition und doch nicht das Selbstvertrauen. Es gab einen Bedarf und ich kannte das Ziel, aber nicht den Schlüssel zur Lösung dieses Problems. Das hat mich wirklich geärgert. - Die gute Beziehung zwischen Patient und Therapeut war jedoch schnell hergestellt.

Im Herbst 1989 traf ich Vorbereitungen für die Messungen im Rahmen des Studienprojekts. Ich musste mich auf die Suche nach einer bestimmten Art von dünnem Schlauch machen, der für unsere Munddruckmessungen geeignet war. Ich schaute mich in den Geschäften um und ertastete verschiedene Arten von Schläuchen und Strohhalmen, bis ich weiche, biegsame Silikonschläuche[2] in vielen Größen ertastete, und war erstaunt. Da war es! - Die Schläuche aus der Kindheit, die ich bei wilden Pflanzen und Wasserspielen am Seeufer kennengelernt hatte, waren wieder da! Ich hatte das Werkzeug für die Stimmtherapie und -pflege gefunden! Ich kaufte dünne Schläuche, die ich brauchte, und mehrere Muster mit verschiedenen Durchmessern. - Nachdem ich Silikon gefunden hatte, zog ich es anderen Materialien vor. Es ist einfach, leicht, preisgünstig, pflegeleicht und fühlt sich angenehm und warm an. Im Prinzip kann jedes Hilfsmittel getestet werden, wenn es nicht mit schlechten Nebenwirkungen verbunden ist. - Testen erhöht unser Verständnis. Aber der flexible, träge Silikonschlauch war für mich eine Entdeckung!!! Er ist nicht nur biegsam, sondern auch federnd. Das Rohr soll sich biegen, nicht mein Hals! - Ich testete die Phonationen in den Schlauch und das andere Ende in Wasser zu Hause auf viele Arten, und war von der Vorzüglichkeit des Silikons für meinen Zweck überzeugt.

---

2 Silikon ist ein synthetisches Material, das mehrere einzigartige Eigenschaften hat: Es reagiert nicht leicht mit anderen Elementen oder Verbindungen, breiter Temperaturbereich: -90 bis +300; ausgezeichnete UV-Strahlungs- und Ozonbeständigkeit; breiter Geschirrbereich: 10-90 ShA; ölbeständig; biologisch inert; FDA (Food and Drug Administration) zugelassen.

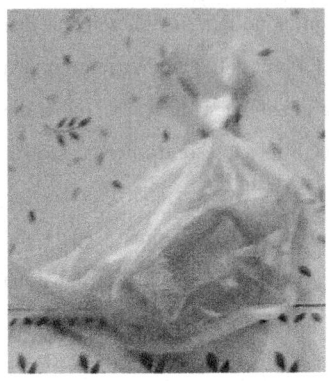

Er kann als Knoten gehalten werden und richtet sich bei Bedarf von selbst wieder auf.

Im ersten Jahr meiner Kurztherapie ließ ich die Patienten Röhren aus verschiedenen Materialien (Glas, Plastik, Silikon) und in verschiedenen Größen testen und vergleichen. Sie wählten alle das Silikon. Die Länge von 35 cm wurde als angenehm empfunden und der Durchmesser von etwa 10 mm als ausreichend, um die Kiefergelenke während der Übung entspannt zu halten. Das ist wichtig für Menschen, deren Kiefergelenk dazu neigt, sich beim Sprechen reflexartig anzuspannen. Schon beim ersten Versuch mit einer Patientin bekam ich ein fröhliches Lächeln als Feedback. Dann, eines Tages, als ich nach der Arbeit an einer Bushaltestelle stand, kam mir der Name für mein Silikonwerkzeug in den Sinn: LAX VOX tube (lax < entspannen; vox = Stimme auf Latein).

Das LAX-VOX-Training eignet sich für die Kurztherapie, und für die "anwenderfreundliche" Selbststimm-Pflege-Möglichkeit. Es gehört zur Gruppe der modernen preiswerten, "nicht zeitraubenden" Lernmethoden. Es ist leicht in der Tasche zu tragen und wird präventiv vor dem Sprechen, in den Pausen und nach abgeschlossener Stimmarbeit eingesetzt.

Ich kombinierte meine früheren QUICK-Therapie-Ideen mit dem Einsatz des Silikonschlauches. Schon bald drängte der Erfolg mich, einen damals schüchternen Menschen, dazu, den mutigen Schritt zu wagen, selbst einen Workshop in einer Sprachkonferenz zu geben. Jetzt, wo ich seit vielen Jahren im Ruhestand bin, erinnere ich mich an die glücklichen Zeiten, in denen ich von jungen, lächelnden Menschen umgeben war, die über dieses Thema sprachen. Da war es!

Im Jahr 2003 fand die Pan European Voice Conference in Graz, Österreich, statt. Dort habe ich wieder einen Workshop gegeben. Ein männlicher Teilnehmer stellte mir eine Frage zu einem Thema, die ich nicht beantworten konnte.

Die folgende PEVOC fand in London statt. Zu Beginn der Get-together-Party am ersten Abend stand ein lächelnder junger Mann vor mir und sagte: "Ich hatte schon Angst, dass ich Sie hier nicht finde!" Es war HNO Ilter Denizoglu aus Izmir, Türkei, derselbe Arzt, dessen Frage ich in Graz nicht beantworten konnte. - "Die LAX VOX-Röhre war das fehlende Teil in seinem Puzzle der Stimmtherapie", sagte er. Ich hatte vor, nicht mehr an den Konferenzen teilzunehmen. Aber er bestand darauf, dass wir von diesem Tag an zusammenarbeiten. Er konnte meinen Vortrag mit den anatomischen, physiologischen, physikalischen, akustischen usw. Erklärungen über die Wirkung von Laxvoxing in unseren längeren Workshops in Europa und den USA ergänzen. Im folgenden Jahr waren wir auf der World Voice Conference in Istanbul. - Inzwischen hat er mein Wissen auf vielen Gebieten erweitert.

Manche Menschen gehen mit Vorurteilen an diese Übung heran und zögern, manche schauen nur auf das Rohr, andere konzentrieren sich auf das sprudelnde Wasser. Das Ziel ist es, die mehrkanaligen Rückkopplungsempfindungen zu spüren und zu bemerken, und die kritischen Korrekturen finden gleichzeitig statt, wenn das Röhrchen während der Phonation im Wasser liegt. Viele Hilfesuchende bemerken die Veränderung sofort, nach dem ersten Versuch mit diesem einfachen Instrument. Mit ihm üben sie an ihren guten Stimmgewohnheiten. Sie bekommen Hoffnung und ein Ziel für selbständiges Training, und mit der Zeit werden sie die unangenehmen Gedanken ans Sprechen los.

Es gibt Menschen, die glauben, dass sie nicht singen können. Sie haben einfach nicht bemerkt, dass Sprache eine Melodie und Intonation hat, die ihrer Botschaft eine besondere Bedeutung verleiht. Lebendiges Sprechen ist leichter als monotones. Soweit ich weiß, hat Laxvoxing noch niemandem geschadet. Wenn doch, dann hören Sie damit auf und versuchen Sie es auf andere Weise. - Ich bezeichne mich nicht als Gesangslehrer, aber ich glaube, dass diese Übung die vielfältige Bedeutung der anderen Übungen erhellt und zusammen mit den anderen Ideen des Therapeuten ein guter Anfang für ein Stimmstudium sein kann.

Die Phonation durch die "Dehnung des Vokaltrakts", LAX VOX-Röhre zu Wasser, erhöht den oralen Luftdruck und erweitert so die Atemwege oder den so genannten "Stimmtrakt". Die wichtigste Eigenschaft ist, dass es die oralen und laryngealen Wege während der ganzen Phrase der Rede oder des Liedes geräumig hält. Das geschieht auch dann, wenn der Laxvoxer gleichzeitig etwas anderes tut, sich bewegt oder die Hände benutzt. Auf diese Weise können wir die Arbeit der Muskeln differenzieren und das Eingreifen falscher Muskeln beim Sprechen vermeiden.

Je tiefer das Rohr im Wasser liegt, desto stärker wird die Muskulatur, die an der Stimmproduktion beteiligt ist. Gleichzeitig reguliert es die Teile des Vokalinstruments zu einer optimalen interaktiven Funktion und verhindert so schädliche Prozesse. Auf diese Weise vertieft das LAX VOX Training oder "Laxvoxing" das Verständnis für die Wechselwirkungen zwischen Körper und Stimme, die wir bewusst steuern können. Das Verständnis der wesentlichen anatomischen und physiologischen Fakten wird zu einem realistischen Mittel zur Korrektur und Kontrolle des Stimmverhaltens. Nach einigen Laxvoxing-Versuchen können wir dieselben Bewegungen oder Funktionen allein durch den Gedanken daran ausführen, dank des Muskelgedächtnisses, "der physiologischen Anpassung des Körpers an die Wiederholung einer körperlichen Aktivität, die zu einer erhöhten neuromuskulären Kontrolle führt, wenn wir diese Aktivität erneut ausführen". Die Wiederholung der optimalen stimmlichen Leistung bei verschiedenen stimmlichen Aufgaben ist der größte Vorteil dieser Übung.

In der Stimmbildung wird seit jeher auf die optimale Körperhaltung und damit auf einen freien Kehlkopf und die passende Sprechatmung geachtet. Wenn ein Stimmproblem auftritt, besteht die schnellste Korrektur darin, eine kurze Pause einzulegen, um die Körperhaltung zu überprüfen und zu korrigieren. Der Korrektur eines dieser Faktoren folgen Verbesserungen der anderen wie ein Dominoeffekt: Körperhaltung > freier Kehlkopf > tiefe Atmung. Die Erkenntnis der idealen Haltung ist, "tiefer" zu atmen, da sich der Brustkorb in dem Maße weiten kann, wie es für die gesungene oder gesprochene Gesangsaufgabe erforderlich ist. Die beliebte Handlung, die wir alle kennen, ist, an ein Gähnen oder einen Seufzer zu denken. Sie weiten den Oberkörper, wenn die Luft einströmt.

- Es mag Hilfesuchende geben, die schon alles wissen, aber das LAX-VOX-Rohrtraining nicht kennen. Sie schätzen es als einen einfachen Weg, der auch ohne kognitive Anleitung funktioniert. Gleichzeitig gibt es andere Menschen, die genaue Anweisungen wollen und

Zahlen brauchen, um sicher zu gehen, dass sie richtig trainieren. Sie sollten zur Spontaneität ermutigt werden. Erfahrungen, Einsichten, Gefühle und die Selbsterkenntnis der eigenen natürlichen Stimme bilden das Modell für stimmliche Perfektion.

Einmal kam die Ärztin mit ihren Studenten und einem unglücklichen Patienten in mein Zimmer, der mit sanfter, weinerlicher Stimme sein Elend erklärte. Plötzlich verspürte ich das Bedürfnis, sie fragend zu unterbrechen: "Haben Sie irgendwelche Träume oder angenehme Erinnerungen oder Dinge, die Sie mögen?" Sie hob den Kopf, sah mich lächelnd an und begann mit der normalen Stimme eines glücklichen Menschen etwas zu erzählen. Ich sagte. "Oh, ist das deine Stimme?" Plötzlich lächelten alle. - Sie war zu einsam zu Hause. Natürlich konnte sie auch die Kurztherapie genießen.

**B. Beginnen wir mit dem laxvoxing - Lernen, uns selbst zu helfen**

Im Allgemeinen gibt es keine strengen Regeln in meiner Therapie oder für die LAX VOX-Übung. Entspannungsübungen wurden schon früher in die Stimmtherapie-Sitzungen eingebaut. In meiner Therapie ist es mein Ziel, dem Patienten während der Therapiesitzung zu helfen, sich bei seiner Arbeit entspannt zu verhalten und beim Sprechen immer eine entspannte Arbeitshaltung einzunehmen. Es ist nützlich, zu üben, wie man den eigenen Namen, die Adresse oder den Namen der Firma, für die man arbeitet, deutlich ausspricht. Es ist erstaunlich, wie schwierig das für viele Menschen sein kann. Das erleichtert die Anwendung guter stimmlicher Gewohnheiten auf alle täglichen Aktivitäten.

**Wichtige Fähigkeiten für einen gesunden Sprachgebrauch**

Kopf und Nacken sowie die Körperbeziehung während des Sprechens und Singens in allen Haltungen im Gleichgewicht zu halten

© Um den Kiefer frei zu lassen, sind die Lippen zusammen, die Zähne auseinander

© Bei den Sprechpausen nasal einatmen

© Den Brustkorb beim Atmen bewegen lassen

© Spüren, wie die tiefen Bauchmuskeln den Luftstrom kontrollieren

**Die** Flexibilität der Wirbelsäule ausnutzen

Zu Beginn der ersten Therapiesitzung erhält der Klient die LAX VOX Silikonröhre und eine Wasserflasche in die Hand, die er aufbewahren soll. Sie lösen Überraschung aus. Überraschung ist eine Reaktion, die die Neugierde weckt, hilft, sich zu konzentrieren und alles andere zu vergessen. Die Aufmerksamkeit sollte sich auf das gleichzeitige, klare Mehrkanal-Biofeedback an den Benutzer richten. Es ist wichtig, das Training jedes Mal mit der einfachsten /u:/-Phonation zu beginnen und die Technik bis zu komplizierteren und längeren Phrasen aufzubauen. Es ist ganz einfach!

Das Wasser kann in jeder Art von Behälter oder Schale sein, in einem Glas, einer Vase, einer Tasse oder - einem See! Eine Plastikflasche ist am handlichsten, leicht und lässt das Wasser nicht auslaufen. Beginnen Sie mit den einfachsten Schlauchversuchen und lassen Sie die Person die Empfindungen und Körperfunktionen analysieren. Wenn nötig, kann der Therapeut ein Modell geben und zeigen, was zu tun ist. - Dieses Spiel weckt hoffnungsvolle Erfolgserlebnisse.

Verwenden Sie für die erste Trainingseinheit etwa 5 cm hohes Wasser in einem Glas oder einer Flasche. Kippen Sie das Rohr bei den ersten Versuchen nicht mehr als 2-3 cm in das Wasser. Befolgen Sie die oben angegebene Reihenfolge, und vokalisieren Sie beim Studieren, wie wenig Kraft Sie brauchen, um das Wasser zum Blubbern zu bringen. Testen Sie schrittweise verschiedene Tiefen, ein Widerstand bis zu 10 cm oder mehr stärkt die Muskulatur und die Atmung. Vermeiden Sie alle schlechten Gefühle! Versuchen Sie es noch einmal.

Die Reihenfolge der Schritte ist wie folgt:

1. erster Versuch, kurzes und langes /u:/ zu vokalisieren, **ohne das Rohr**,
2. dann das Gleiche **in die Röhre** und markieren Sie den Unterschied
3. Vokalisierung in das **Rohr im Wasser**,

4. Vokalisierung des **Rohrs aus dem Wasser**, Markierung des Unterschieds

5. Vokalisieren **ohne das Rohr** - oder andersherum

Wir alle wissen, dass es Menschen gibt, die sich nicht gerne an Regeln halten, andere, die genaue Regeln und Zahlen verlangen, manche verstehen mündliche Anweisungen nicht und brauchen schriftliche Anweisungen. Manche halten sich selbst für nicht gut genug. Aber," auf die eigene Erfahrung vertrauen wir". Deshalb lassen wir ihnen und uns selbst zu, was am besten funktioniert. Die Klienten vertrauen auf ihre Empfindungen und Meinungen über das, was richtig ist, und testen ihre Ideen. Sie werden die Erfahrungen, die aufschlussreichen Empfindungen und ihre Einsichten genießen. Sowohl der Patient als auch der Therapeut können für eine Weile die früheren Regeln und Anweisungen vergessen und ihre eigene Stimme aus einem anderen Blickwinkel betrachten. Vergleichen Sie die Ergebnisse mit Ihrem früheren Verständnis.

? Was haben Sie gefühlt?

? Welche Muskeln waren aktiv?

? Was war anders beim Blasen und Intonieren?

? Was war bei hohen und niedrigen Tonhöhen anders?

Am Ende der ersten Sitzung erhalten die Lernenden schriftliche, sichtbare Anweisungen zur Überprüfung der Details während ihrer täglichen häufigen 1-5-minütigen oder längeren Trainingsmomente zu Hause und am Arbeitsplatz. Je häufiger Sie trainieren, desto weniger brauchen Sie Anleitung. Es ist jedoch ratsam, einige weitere Therapiesitzungen abzuhalten, um die Leistung zu überprüfen, die Themen, die auftauchen können, die Erfahrungen und die Physiologie dahinter zu besprechen.

Ich schlage vor, dass der Gedanke an das Atmen "zur Seite gelegt" wird und die Stimme

d. h. die Steuerung des Luftstroms zu den unteren Bauchmuskeln. Da es sich bei der Atmung um ein äußerst kompliziertes automatisches System handelt, das uns am Leben erhält, sollten wir nicht an sie denken

zu viel. Vergessen Sie nur nicht, Pausen zu machen. Wenn wir etwas erkannt haben,

wir bemerken die Unterschiede und wählen das Einfachste. Verhindern Sie nicht, dass das Natürliche geschieht.

Manche Lernende haben die Idee in wenigen Minuten, andere üben mit einfachsten Melodien weiter. Erstaunlicherweise hilft auch das. Das Verständnis des zugrundeliegenden Wissens ist nicht für jeden Lernenden notwendig! Sie haben das "stille Wissen" erworben. Zu viele Worte und Konzepte können sie verwirren. Stattdessen gibt eine ausgewählte Reihe von Melodien oder eine Liedmelodie im Kopf der Übung Rhythmus und Tonhöhenvariation und ist angenehm. Sie können in verschiedenen Tonhöhen wiederholt werden. Es war interessant zu beobachten, dass sogar eine Person, die glaubte, nicht singen zu können, in der Lage war, den zweistimmigen Alarmton des Feuerwehrautos zu imitieren.

Fahren Sie mit komplizierteren Versuchen und der eigenen Lieblingsmelodie oder einer improvisierten langen Tonhöhenvariation fort. Es ist ratsam, mit dem Gleiten zunächst von der hohen zur tiefen Tonlage zu beginnen und dann immer wieder zurück. Intuitiv atmen wir besser, bevor wir eine Melodie in einer hohen Tonlage beginnen. Ich empfehle die allgemein bekannte Melodie "Are you sleeping etc." oder "Happy birthday to you etc.", die keine Anforderungen an das Gedächtnis stellen. Der Lernende kann sich auf die körperlichen Aktivitäten konzentrieren.

Es ist interessant, zu prüfen, wie lange man mit einem Atemzug phonieren kann. Zehn Sekunden werden als Minimum angesehen, 20 Sekunden sind gut, länger ist sehr gut. Das ist ein gutes Training. Kannst du die ganze "Are you sleeping"-Melodie mit einem Atemzug singen? Wenn nicht, machen Sie es schneller, und Sie werden eine Menge lernen. Wir können auch unseren eigenen Tonhöhenbereich für die weiche Stimme überprüfen und festlegen, indem wir die Schritte von der Sprechstimme bis zum höchstmöglichen Ton laxvoxen. Das kann höher sein, als Sie erwartet haben. Gehen Sie dann vom mittleren Ton stufenweise langsam so tief wie möglich. Die untere Grenze kann mit fallendem Kiefer gefunden werden. Wenn dies mit dem LAX-VOX-Rohr in Wasser geschieht, das die Kehlkopfeinstellungen erträglich hält, ist es nicht schädlich. Danach sind die Leute überrascht, wie leicht es ist, hohe Töne zu singen.

Eine Lehrerin hat ein **Freisprech-Set** gebastelt, **eine** Tasche mit zwei Fächern, eines **für den** Schlauch, das andere **für den** Deckel der Flasche, **die man immer dann** benutzen kann, wenn man die Hände braucht, zu Hause, **im Büro**

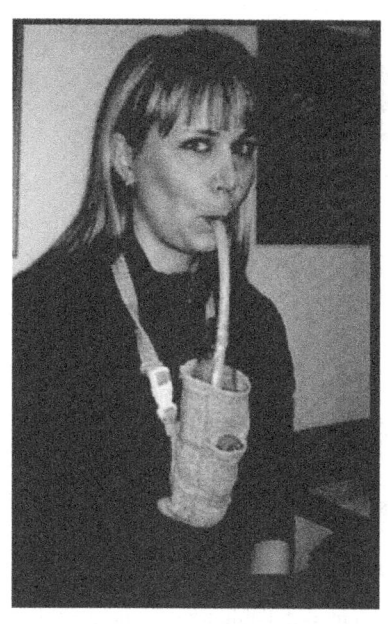

Gut befeuchtete Schleimhäute **schwingen leicht**, das heißt, die **Stimmlippen** vibrieren bei geringem Ausatemluftdruck **ohne** zusätzliche **Anstrengung**. Normalerweise ist es die **Aufgabe der Nase**, die **eingeatmete** Luft **beim Sprechen** zu erwärmen, **zu** reinigen **und zu befeuchten**. **Es gibt** jedoch viele **Ursachen**, die die **Schleimhäute austrocknen**: trockene Luft **in** geheizten Räumen oder kalte Lufttemperaturen im Winter, Klimaanlagen, **Krankheiten,** Medikamente, Luftverschmutzung und die Angewohnheit, bei zu schnellem Sprechen oder im **Schlaf** die Luft oral **einzuatmen**. Vor allem die Schleimhäute der Stimmlippen brauchen viel Feuchtigkeit.

Die **Hydratation der** Schleimhäute ist ein vernachlässigtes Thema. Das Trinken von Wasser berührt zwar den Mundbereich, **nicht aber** die **Stimmlippen**. Ein **Schluck** entspannt jedoch die **Kehlkopfmuskulatur**. Die Schädigung kann mit traditionellen Methoden wie Raumluftbefeuchtung **und Dampfinhalation** verhindert **werden**. mit einer **Nasendusche. Am** einfachsten **ist es**, den Nebel aus einem **leichten**, tragbaren "Wasserleitungsinhalator" aus Kunststoff **durch** Mund und Nase zu **inhalieren!**

 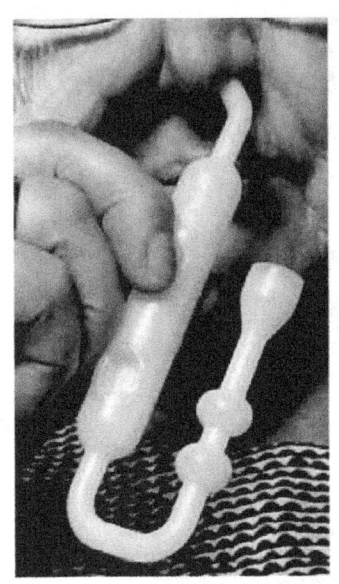

Es gibt wichtige Aspekte, die die Redner aus der Sicht des Publikums berücksichtigen sollten. Ich nenne nur zwei: die Bedeutung des vorbereitenden Einatmens, d.h. ich warne vor zu schnellem Sprechen, und die Tatsache, dass es im Publikum höchstwahrscheinlich Personen gibt, die nicht gut hören. Das Niveau unseres Gehörs lässt sich nicht an den Gesichtern ablesen. Auch junge Menschen können ein vermindertes Gehör haben.

Wenn Sprecher hastig sind und versuchen, zu viele Wörter auf einen Atemzug zu sagen, haben sie keine Zeit, normal einzuatmen. Da der Sprecher Luft braucht, um seine Stimme zu erzeugen, atmet er oder sie die Luft zwangsweise oral ein. Diese Art des Sprechens sehen und hören wir dank der hervorragenden Mikrofone nur zu gut im Fernsehen. Die orale Inhalation trocknet die Schleimhaut des Stimmtrakts (die Atemwege) aus. Die falschen Muskeln des Stimmapparats werden aktiv, um dies auszugleichen. Wird diese Art des Sprechens zur Gewohnheit, kommt es zu Stimmproblemen. Die scharfe, monotone Stimme des Sprechers transportiert falsche emotionale Botschaften. Ich habe festgestellt, dass moderne junge Menschen sehr gut darin sind, zu schnell zu sprechen. Tun Sie das, und Sie werden spüren und wissen

Ein weiteres häufiges Problem für die Zuhörer ist, dass die Sprecher ihre angemessene Sprechlautstärke nicht beibehalten. Die Person, die vor einer Gruppe spricht, sollte dies berücksichtigen und laut genug sprechen, nicht nur am Anfang, sondern kontinuierlich. Sie sollten nicht zögern, das Mikrofon zu benutzen. Vor der Rede sollte der Redner herausfinden, wie er es benutzen kann. Ein weiterer Punkt ist, dass der Redner dem Publikum zugewandt sein sollte, auch wenn er projizierte Präsentationen verwendet. Lippenlesen sollte für diejenigen möglich sein, die ein schlechtes Gehör haben. Es ist normal, dass das Gehör mit dem Alter nachlässt und die Stimme kraftlos wird. Wenn die Zuhörer nicht mehr richtig hören und sehen, verlieren sie das Interesse, sind genervt und können nicht mehr folgen. Das Schlimmste ist, dass die geteilten Informationen und Botschaften die Zuhörer nicht erreicht haben. Der Redner soll sich in die Lage eines Zuhörers versetzen.

Räuspern, Husten, Stöhnen, Schreien, Rufen spiegeln stark unseren emotionalen Zustand wider. Diese Laute und Vokalisationen sollten vermieden werden, da sie die Gedanken des Zuhörers in die Irre führen. Günstig sind stattdessen die leichten Hobbys für Einsamkeit, stimmhafte Nasenatmung oder Brummen (labial /m:/, lingual /n:/, uvular /ng/), sind Lippenübungen, Singen, Laxvoxen oder lautes Lesen. Sie könnten geeignete Hobbys sein, um in diesen Situationen eine gute Atem- und Intonationsfunktion aufrechtzuerhalten. Mark: Verschiedene Intonationen und Betonungen allein, wie z.B. verschiedene Intonationen von kurzem und langem "Brummen" sind bedeutungsvoll, und sie werden oft verwendet, z.B. "Ja!", "Okey". "Ist es wahr?", "Nein, nein!", "Oh, jetzt verstehe ich!" usw. - Stimmpflege ist für uns alle sehr wichtig, leider ist das Knowhow nicht perfekt.

Eine extreme Art zu sprechen ist sehr langsam, Wort für Wort. Gute Redner sagen kurze Sätze, machen ziemlich lange Pausen, wiederholen einige Sätze, sprechen laut und deutlich, benutzen ein Mikrofon und sind auf diese Weise in der Lage, so lange wie nötig zu sprechen. Das haben sie von einem Stimmtrainer gelernt. Sie bereiten sich sorgfältig vor, denken darüber nach, was sie sagen (und nicht sagen, weniger ist mehr), und so werden das Einatmen der Nase und die Länge eines Satzes miteinander verbunden. - Diese Pausen sind Geschenke an die kognitiven Prozesse des Zuhörers, das heißt, er versteht die Botschaft vollständig. - Und warum sollte man sprechen, wenn der Zuhörer nicht die Möglichkeit hat, die Botschaft vollständig zu verstehen. Das kann man trainieren, indem man ein Buch laut vorliest und bei jedem Satzzeichen den Mund schließt.

Das LAX-VOX-Training kann in der Therapie als diagnostisches Hilfsmittel dienen. Das Training kann dann gezielt auf den jeweiligen Aspekt ausgerichtet werden. Die Aufgabe des

Tutors besteht darin, den Lernenden behutsam und diskret zu den optimalen, der konkreten Sprechaufgabe und -situation angemessenen Leistungen zu führen, sie zu erkennen und zu spezifizieren, was sie mit sich bringen. Manche Menschen sind zum Beispiel so überzeugt von ihren Fehlern beim "Singen", dass es klug ist, dieses Wort anfangs zu vermeiden, wenn der Patient es nicht benutzt. Sie können auch andere Wörter verwenden, wie z. B. "wie bilden Sie kurze und lange /u/", "machen Sie es mir nach", r usw.

Eine Haltungsübung mit dem Silikonschlauch: die optimale Haltung durch Dehnung des Schlauchs und der Wirbelsäule parallel zur Schwerkraft, senkrecht nach der Melodie verlangt. Halten Sie das Rohr in der Nähe des Brustbeins. Finden Sie die Bauch- und Rückenmuskeln, die die Tonhöhenschwankungen kontrollieren. Und Sie werden es spüren!

## C. Überraschende Fälle

### 1. Knarrende Stimme

Eine alte Dame mit knarrender Stimme kam zur Therapie, da sie nicht mehr in der Lage war, Einkäufe und andere Dinge unter Menschen in der Stadt zu erledigen. Als ich sie sah, dachte ich fast, dass ich nicht weiß, wie ich ihr helfen kann. Dann gab ich ihr ein Röhrchen und fing an, "wie oben erwähnt zu dozieren". Was für eine Überraschung für mich! Sie nahm das Röhrchen und die Wasserflasche und machte die ersten Versuche, wobei sie meinen Ratschlägen sorgfältig folgte. In der nächsten Sitzung erzählte sie, dass sie ihr altes Liederbuch genommen hatte und daraus die Lieder nacheinander, alle Strophen, jeden Tag laxvoxte. Die Lieder brachten ihr schöne Erinnerungen in den Sinn und sie genoss es. Sie bemerkte die Verbesserung zuerst bei Gesprächen mit Freunden am Telefon. Dann waren die Freunde überrascht über ihre gute Stimme. Nach ein paar Wochen kam sie wieder zu mir und sagte: "Ich habe mein Selbstvertrauen zurück!" Jetzt werde ich in der Warteschlange zu denen, die ihren Platz einnehmen, sagen:" Nun ja, ich bin 86 Jahre alt, aber das hat hier keine Bedeutung! Und sie hat gelacht, wir haben zusammen gelacht. Sie brauchte einige Liedpassagen, die von mir überprüft wurden. Sie kam mit einigen Wochen Abstand und hatte interessante Geschichten zu erzählen. Dann sagte sie einmal: Jetzt habe ich ein Problem! Ich habe keine Zeit, das Buch zu lesen, das ich gerne lesen würde, weil die Haushaltsführung schreit. - Ich schlug vor, dass sie doch jeden zweiten Tag putzen gehen könnte. Nein, sagte sie, das muss ich. Sonst bekomme ich ein schlechtes Gewissen. Dann lehnte sie sich zurück und ließ das schöne Lachen erklingen. Sie hatte viele Krankheiten und verließ die Gruppenaktivitäten, auch weil ihr Gehör nicht mehr gut war. Einige Jahre später sah ich in der Zeitung, dass sie im Alter von 92 Jahren gestorben war.

**2. Tremor**

Ein "sehr alter Mann", Zittern in der Stimme. Wegen des Zitterns der Stimme konnte er das Telefon nicht mehr zur Kommunikation benutzen. Sein Neurologe sagte, dass man nichts zur Verbesserung der Stimme tun könne. Stimmt das, fragte er sich? Ich war zufällig dort und wurde gefragt, ob ich ihn "mitnehmen" könnte. Das konnte ich nicht ablehnen. Ich gab ihm einen Schlauch und eine Wasserflasche, und wir begannen mit dem laxvoxing. - Er war sehr glücklich, und trainierte bewusst. Unglaublich, wie schnell er sich selbst half! Seine Familienmitglieder und Freunde staunten, und nach einem Monat erzählte er, dass er zu singen begonnen hatte, obwohl er vorher nie gesungen hatte.

**3. Stimmlippenparese**

Ein alter Professor, Amateursänger, hatte eine Stimmlippenparese. Er war sehr traurig über seine hauchige und schwache Stimme. Er war nicht zufrieden mit der Stimmtherapie, die er bekam. Er rief mich an und war bereit, einen Zug zu nehmen und zu mir zu kommen. - Er hatte feste Vorstellungen, die auf dem Unterricht eines Opernsängers aus seiner Jugend beruhten. Bei der Atmung konzentrierte er sich ganz auf die Bewegungen des Bauches, statt auf den Brustkorb und die Seiten. - Er tat, was ich von ihm verlangte, mit dem LAX VOX, aber ich spürte seine Ungläubigkeit. Später sprachen wir am Telefon über seine Entwicklung. Vor der Stimmbandparese hatte er viele Konzerte gegeben, die auf CDs gespeichert waren. Später, nach ein oder zwei Jahren, rief er mich an und sagte: "Jetzt muss ich Ihnen noch einmal danken und gestehen, dass Sie Recht haben. Das Beste ist, dass ich eine neue effiziente Art zu singen und zu atmen gelernt habe.

**4. Schwache und heisere Stimme.**

Eine alte Frau mit schwacher und heiserer Stimme musste mehrere Stunden von ihrem Haus auf dem Land zur Stimmtherapie fahren. Sie lebte allein und hatte nicht mehr viele Kontakte zu anderen Menschen. Es war schwierig für sie, mit klarer Stimme am Telefon zu sprechen. - Sie machte ein paar Wochen Laxvox und kam zur zweiten Sitzung zu mir. Das Training war eine Freude für sie. Ihre Stimme war klar und hatte einen schönen Klang. Sie hatte festgestellt, dass sie jetzt viel besser atmen kann. "Das sollte zum Pflichthobby für alte Menschen gemacht werden", sagte sie. Sie hat sicher ihren Bekannten das laxvoxing beigebracht - und sie werden Spaß daran haben, gemeinsam ihre schönen Jugendlieder zu singen!

**5. Stimmermüdung und fehlender /k/--Laut.**

Ein Mann in den 40ern mit Gaumenspalte, Stimmermüdung und fehlendem /k/--Laut kam. Zuerst sagte er, dass seine Stimme beim Schreien bei der Arbeit an großen Maschinen bricht. Schon bald erzählte er die tiefere Tragödie in seinem Leben. Er wurde mit einer Gaumenspalte geboren. Damals hatte er nur ein sehr eingeschränktes Leben, da er als geistig zurückgeblieben galt. Aber er hatte viel in der Sprachtherapie gelernt. Er sprach so gut, dass ich nicht bemerkt hatte, dass ihm Wörter fehlten, einschließlich des /k/-Lautes in seiner laufenden Sprache. - Nun, ich gab ihm einen Schlauch und ließ ihn die Übungen machen. - Er wohnte ziemlich weit weg vom Krankenhaus und kam nach einem Monat oder so und sagte, als er in mein Zimmer kam: "kukko kiekuu ja kana kotkottaa" (ein Hahn kräht, ein Huhn gackert). Ich war überrascht. Seine Stimme war sehr beeindruckend, gut und schön. Er zeigte mir, wie er trainiert hatte. Er hatte eine 1,5-Liter-Flasche und 20 cm Wasser in der Flasche - er war ein großer und starker Mann. Wir waren glücklich! Nach einem Jahr wollte er, dass ich ihn besuche. Ich traute meinen Augen kaum und hätte ihn nicht wiedererkannt. Er hatte sich so sehr zum Positiven hin verändert und war sozial aktiv geworden. Er sagte, dass er es jetzt nicht vermeiden kann, die Männer, die ihn behandelt hatten, zu ärgern, indem er so viele /k/-Wörter wie möglich benutzt.

## 6. Papillomatose

Ein an Papillomatose erkrankter Mann schickte eine E-Mail und fragte, ob LAX VOX ihm, der seit 25 Jahren an Papillomatose leidet, helfen könne. Das Sprechen mit seiner extrem heiseren Stimme erforderte große Anstrengungen. Er ging lieber nirgendwo hin, um Menschen zu treffen. - Ich riet ihm, sich zunächst einen persönlichen Stimmverstärker zu kaufen und ihn ständig zu benutzen. Per E-Mail schickte ich ihm die Anleitungsseiten und schickte ihm einen Silikonschlauch. Eines Tages rief er mich an und ich konnte hören, wie er besser sprechen konnte. Mit Mikrofonunterstützung konnte er bereits mit weniger hörbarer Anstrengung sprechen, ein Mann, dem praktisch die Stimmlippenschleimhaut fehlt. Ich hoffe, dass er eines Tages eine künstliche Schleimhaut bekommen wird! Zu meiner großen Freude traf er mich auf einer Konferenz in London. Er erzählte mir, wie er das Risiko auf sich genommen hatte und in den Pub ging, um dort seine Freunde zu treffen. Es war ein großer Erfolg gewesen. Wir waren sehr glücklich.

## 7. Sprachpausen

Ein männlicher Patient sagte, dass seine **Stimme bricht**, wenn er laut sprechen muss. Er glaubte, dass es für ihn gar nicht möglich ist, durch Singen (lange Phonation) zu trainieren. Nun, für laxvoxing braucht man nicht die "Fähigkeit zu singen". - Ich habe seine Sprache gesprochen, über die Zunahme und Abnahme des Drucks und den Einsatz der Muskeln. Ich markierte die Melodie auf dem Papier durch vertikale (zur Darstellung der Tonhöhe) und horizontale Linien (zur Darstellung der Zeit). Er wollte die Zeichnung auf einem Blatt Papier mit nach Hause nehmen. Dank seines eifrigen Trainings zu Hause konnte er die Melodie am Ende der drei Sitzungen der Stimmtherapie richtig singen. Das war für uns beide ein Wunder. Das habe ich bis heute nicht verstanden. - Auch Musik in Noten kann eine Hilfe sein. - Ich glaube, er war seit seiner Kindheit nicht mehr an das Singen gewöhnt.

## 8. Das Stimmproblem eines Teenagers

Ein kluger Junge in der Pubertät wollte eine Überweisung zur Stimmtherapie, da er sich nicht traute, außerhalb des Hauses zu sprechen, weil seine Stimme knackte, ein mutationsbedingtes Problem, von dem er noch nie gehört hatte. Er hatte es früher als seine Klassenkameraden. Er hatte mit den Lehrern vereinbart, dass er während des Unterrichts nicht zu sprechen brauchte. Er war sehr verzweifelt und beschloss, die Schule in diesem Frühjahr zu beenden. - Er bekam eine LAX-VOX-Stunde, wie alle Patienten, die zu mir überwiesen wurden. Er plante, wie er zu Hause heimlich üben konnte, ohne dass die Familienmitglieder es bemerkten. Seine Familienmitglieder waren an die seltsamen Stimmvariationen gewöhnt und gaben keinen Kommentar ab.

Schon bald konnte er seine Stimme kontrollieren, aber als er durch das Schultor trat, wagte er nicht, etwas zu sagen. Während des Sommerurlaubs arbeitete er unter alten Menschen. - Seine Arbeit, zu der ich ihn von Anfang an ermutigt hatte, war ausgezeichnet. Ich lobte es ihm von ganzem Herzen und glaubte, dass die alten Leute ihn dafür lieben würden. Er wollte mich im September sehen, um zu hören und zu sehen, wie glücklich er war. Beim Anblick seines neuen Habitus und seiner Laune stiegen mir die Tränen in die Augen. "Jetzt liebe ich es zu sprechen, ich bin wirklich gesprächig", sagte er. Natürlich wollte er die Schule beenden. In der Schule bemerkte niemand die Veränderung. Sie wussten nichts von dem Problem! - Jetzt hat er vielleicht einen Beruf und eine Familie - seinen Namen habe ich vergessen.

## 9. Husky-Stimme

Ein Junge im frühen Teenageralter wurde zu mir geschickt, weil seine Familienmitglieder wegen seiner heiseren Stimme besorgt waren. Bald bemerkte ich, dass er einer von denen war, die viel und laut sprechen und einen altklugen Eindruck machten. Ihm gefiel offensichtlich nicht, was der Vater zu ihm über die Stimme gesagt hatte -. Immerhin hat er alles richtig gemacht, was ich von ihm verlangt habe. Nach mehreren Sitzungen wusste ich, dass er zu Hause überhaupt nicht trainiert. Er hat sich selbst keine Sorgen um seine Stimme gemacht. - Ich kam auf die Idee, ihn zu bitten, das Ende des Schlauches an sein Ohr und das andere Ende an die Lippen zu halten und "duuduuuuduu" zu singen. In dem Moment, als er seine Stimme auf diese Weise hörte, sah ich, wie er blass wurde und still war. Er bemerkte zum ersten Mal seine Heiserkeit... Zum Glück hatte ich ihm schon alle Ratschläge gegeben. Noch einmal sagte ich ihm, er möge mich anrufen, wenn er wiederkommen wolle. Dem Vater sagte ich, dass der Junge sich jetzt selbst um seine Ausbildung kümmern kann.

## 10. Verlorene Stimmen:

Vor LAX VOX hatten wir einige stimmlose Patienten, die unerwartet ihre Stimme verloren hatten und ohne erkennbaren Grund überhaupt nicht mehr laut sprechen konnten. Zuerst hatte eine Lehrerin die Fähigkeit verloren, laut zu sprechen, und einige Monate später geschah dasselbe mit einer ihrer Schülerinnen. - Als das kleine Mädchen nach ein paar stimmlosen Wochen zu mir überwiesen wurde, ließ ich sie sich zunächst auf den physioakustischen Stuhl legen, um sich zu entspannen. Dann habe ich ihr erklärt, wie die Stimme auf natürliche Weise im Atemsystem entsteht. Dann riet ich ihr, *ganz langsam aufzustehen* und sich *allmählich tief nach unten zu beugen*. In dieser Haltung bat ich sie, mehrere Male *ganz leise* /hm:/ zu sprechen. Dann wurde sie gebeten, den Körper während des Summens *sehr vorsichtig* aufzurichten. - Ich sah es in ihren Augen, dass das kleine Mädchen den brennenden Wunsch hatte, wieder zu sprechen. Ich erlaubte ihr dann, die Stimme zu erheben und eine leichte Melodie zu laxvoxen, um sie dann normal zu singen. Ich werde mich immer daran erinnern, wie die Mutter in Tränen ausbrach, als die glückliche Tochter im Wartezimmer auf ihren Schoß sprang und etwas Normales zu ihr sagte. - In solchen Fällen leistet die "magische" LAX VOX-Röhre enorme Dienste. - Die Lehrerin hatte eine ähnliche Kurztherapie in meinem Zimmer erhalten.

## 11. Ein taub geborenes Kind mit Hörimplantat

Und ein schwerhöriger Mann benutzte die LAX VOX-Röhre und lernte dank der Vibrationsrückkopplung, die Intonation seiner Stimme in Sätzen zu kontrollieren.

## 12. Persistierende Stimmknötchen

Eine junge Frau mit hartnäckigen Stimmlippenknötchen kam zur Therapie. Der Arzt hatte schlimme Knötchen festgestellt, aber man wollte es präoperativ mit einer Therapie versuchen. Sie war sehr energisch und gesellig und verbrachte viel Zeit in Kneipen und sang Karaoke. Ihre Familienmitglieder hatten eine schreiende Sprechweise. Sie lernte die Übungen und verstand das System und die Ergonomie der Stimme. Sie verbesserte ihre Lebensgewohnheiten. Nach ein paar Monaten waren die Knötchen verschwunden. Als sie für ein paar Monate ins Ausland ging, waren die Knötchen wieder da. Sie gestand, dass sie ihre Energie in bestimmten Situationen nicht kontrollieren kann. Darüber war sie sehr unglücklich. - Ich weiß nicht, wie es ihr jetzt gehen mag. Wir wissen, dass in solchen Fällen die Knötchen auch postoperativ wiederkommen. Den Schlauch hat sie trotzdem.

## 13. Gefüllte Nase

Einmal kam der Arzt mit einer Patientin in mein Zimmer, die über ihre Atmung klagte: "Ich kann nicht mehr durch die Nase atmen", ihre Stimme verriet viel über ihren depressiven

Zustand. Der Arzt hatte weder in der Nase noch im Kehlkopf einen Befund. - "Ach, ich Arme! Womit soll ich anfangen!" dachte ich. - Aus einer Eingebung heraus nahm ich einen Wasserpfeifeninhalator in die Hand, gab einen Teelöffel Wasser hinein und sagte in einem Ton, der sie glauben lassen könnte, dass dies einer der üblichen Tricks sei: Jetzt führst du dieses dünne Ende vorsichtig in dein Nasenloch ein und verschließt das andere Nasenloch mit deinem Finger. Dann schnuppern Sie dreimal, und wir hören ein blubberndes Geräusch. Dann machen Sie das Gleiche mit dem anderen Nasenloch." Sie tat das, nahm den Inhalator aus der Nase und begann zu sprechen. Oh, wir waren alle so überrascht wie sie! Sie hatte eine schöne Stimme, als sie sagte: "Was ist das, jetzt ist meine Nase offen! Ich kann atmen! Das ist meine Stimme!" - Sie hatte sich lange Zeit einsam und deprimiert gefühlt.

**14. Dehydrierte, trockene Schleimhäute**

Ein Professor mit dehydrierten, trockenen Schleimhäuten und folglich mühsamem Sprechen und einer nicht gut funktionierenden Stimme. Der Grund dafür war das häufige Reisen in Flugzeugen und das Halten von Vorträgen an verschiedenen Orten der Welt. Der große, schlanke Mann betrat mein Zimmer. Sein Gesicht war ernst, aber nicht verärgert und verriet nichts, als ich ihm den Schlauch, das Wasser und meine üblichen Erklärungen gab. Er tat, worum ich ihn bat, mit dem winzigen Wasserleitungsinhalator und dem LAX-VOX-Schlauch. Die Ausdruckslosigkeit machte mich etwas skeptisch. - Als er ein paar Wochen später wiederkam, trat er mit halb lächelndem Gesicht herein, ließ den LAX-VOX-Schlauch am Ende zwischen zwei Fingern baumeln und sagte: "Das hätte ich nie geglaubt." - Als Technikprofessor hatte er die Auswirkungen und die Bedeutung der Viskosität der Schleimhaut so gut verstanden und in der Praxis verifiziert.

**15. Eigener Test des tragbaren Mikrofons**

Um die Liste der Überraschungen zu beenden, erzähle ich einen Fall aus meinem eigenen Sprachgebrauch. - Ich hatte versprochen, eines Abends einen dreistündigen Vortrag über Stimmergonomie und persönliche Stimmpflege vor einer Gruppe von dreißig Lehrern zu halten. Als ich dort ankam, sagte der männliche Schulleiter, dass es ihm leid täte, zu einer anderen Sitzung gehen zu müssen, und fragte mich, ob ich den Vortrag auf zwei Stunden verkürzen könnte. Das war für mich in Ordnung. - An diesem Abend verwendete ich zum ersten Mal selbst einen persönlichen Stimmverstärker während der Präsentation. Ich hatte ihn schon vielen Leuten empfohlen, die bei der Arbeit in lauten Umgebungen oder lange

Zeit sprechen müssen. - Nachdem ich die Verwendung des LAX VOX-Rohrs, des Wasserpfeifeninhalators und andere geeignete Themen, die ich normalerweise in meine zweistündigen Präsentationen einbaue, erläutert hatte, machte ich eine kurze, ruhige Pause, in der die Zuhörer begannen, Fragen zu den Themen zu stellen, die sie wissen wollten. Keiner von ihnen schien zu bemerken, wie die Zeit verging, und auf die Uhr zu schauen. - Ich machte eine weitere Stunde lang weiter und schaltete dann den Computer aus. Die Lehrer saßen einfach nur da, bis eine der Damen sagte: "Das ist noch nie vorgekommen. Normalerweise muss der erste Lehrer nach 45 Minuten gehen. Dann verlässt einer nach dem anderen den Raum. Am Ende sind nur noch ein paar Leute im Publikum."

Nach der Präsentation war ich auch nicht müde. Auf der Heimfahrt reflektierte und analysierte ich die Sitzung. Ich war in der Lage gewesen, normal zu sprechen, indem ich meinem normalen Atemrhythmus folgte, Pausen machte, die richtigen Betonungen einsetzte und meine Stimme eloquent variierte. Die Zuhörer konnten leicht folgen und ihr Gehirn hatte die Möglichkeit, das Gehörte zu verarbeiten. Dank des Stimmverstärkers herrschte eine sehr angenehme Atmosphäre im Raum. - "Nein", sagt mein Mann, "das lag daran, dass der Vortrag so interessant war."

Inzwischen gibt es eine große Auswahl an tragbaren Sprachverstärkern für Orte, an denen sie noch fehlen. Es kommt manchmal vor, dass hervorragende Geräte installiert sind, aber der Sprecher kann sie nicht benutzen oder ist nicht daran gewöhnt, oder seine eigene Stimme zu hören. - Die Stimme sollte die gesprochenen Botschaften zu den Ohren der Zuhörer transportieren und an den Hörstatus der Zuhörer angepasst sein. Zuhörer jeden Alters können Hörprobleme haben. Bei Präsentationen sollte der Redner mit Sicherheit ein Mikrofon benutzen und lernen, wie man es benutzt.

**LAX VOX-Röhre und Wasser**
**sind in der Flasche!**

*"Sollen wir jetzt gehen?!"*

## D. Die Ein-Jahres-Follow-up-Studie der LAX VOX®-Röhrengestützten Kurzstimmtherapie im Lichte der Stimmaktivierungs- und Partizipationsprofile und der Symptomfragebögen

### Einführung

Die Stimmtherapie ist ein interaktiver Prozess zwischen einem Patienten und einem Therapeuten. Aronson (1) definierte die Ziele der klinischen Stimmtherapie als das Bemühen, die Phonation des Patienten auf ein realistisch erreichbares Leistungsniveau zurückzuführen, das den beruflichen und sozialen Bedürfnissen des Patienten entspricht. Traditionell besteht die Behandlung aus einem kognitiven Teil, der sich auf die Stimmergonomie konzentriert, und einem Trainingsteil mit Übungen, die darauf abzielen, das Verhalten des Patienten bei der Stimmproduktion zu verändern. Die spezifischen Stimmübungen in Bezug auf Haltung, Entspannung, Atmung, Phonation und Artikulation beruhen auf der Erfahrung der Stimmexperten. Es ist eine Binsenweisheit, dass jeder Therapeut die Übungen auf seine persönliche Art und Weise anwendet, indem er geeignete Übungselemente auswählt.

Da professionelle Sprecher und berufliche Stimmbildner in der Regel keine Zeit für eine langwierige Stimmtherapie haben, suchen die meisten von ihnen lediglich einige praktische Übungen, die auf ihr spezielles Problem und ihre Arbeit angewendet werden. Um die Wartezeit zu verkürzen, wurde die Anzahl der Einzelstimmtherapiesitzungen reduziert, und es musste ein Kurzzeit-Stimmtherapieverfahren entwickelt werden. Der Ablauf der Therapie und die Einzelsitzungen mussten geändert werden. Das erste stimmliche Ziel ist eine leicht herstellbare Arbeitsstimme, die leicht zu produzieren, angenehm zu hören, ausdauernd ist und sich den beruflichen Anforderungen und sozialen Bedürfnissen anpasst. Die wichtigste Herausforderung bestand darin, den Lernprozess bei den Patienten auszulösen und ihnen präventive Strategien zu vermitteln, die auf eine eigenständige Pflege der eigenen Stimme abzielen und sie dazu motivieren.

Von der ersten Therapiesitzung an sollte die Interaktion mit dem Therapeuten eine "Erste Hilfe" für Stimmpatienten vermitteln, die die Erkenntnisse der Pädagogik, der Gesangspädagogik, der Vokologie, der Phoniatrie und der Psychologie mit den Erfahrungen der klinischen Stimmtherapeuten verbindet (2). Es ist allgemein bekannt, dass das Tun, die aktive, bewusste Wiederholung von Übungen mit bewusstem Biofeedback, das Lernen erleichtert. Für diese Zwecke haben wir ein Stimmspiel verwendet, das vielen seit ihrer Kindheit vertraut sein dürfte, nämlich Phonationen in ein in Wasser getauchtes Silikonröhrchen, das ein mehrfaches Biofeedback gibt. Das flexible und inerte Silikonrohr war 35 cm lang, hatte eine Öffnung von 9 mm und eine Wandstärke von 1 mm und wurde LAX VOX®-Rohr genannt. Diese drei Eigenschaften des Rohrs haben sich als wesentlich für die gleichzeitige Beibehaltung der korrekten Körperhaltung und folglich eines freien Kehlkopfsystems und einer freien Atmung während der Vokalphrasen erwiesen. Das Biofeedback vermittelt dem Lernenden eine ganzheitliche Vorstellung von einer gesunden Stimmproduktion. In Verbindung mit dem kognitiven Teil der Therapie boten die Phonationsübungen in der Röhre eine praktische und einfache Möglichkeit, das unsichtbare und undurchsichtige Konzept der Stimme in physisches Verhalten umzuwandeln.

Das Therapieergebnis wird in der Regel mit mehreren halbobjektiven Parametern gemessen (3). Die Interpretation von Therapieergebnissen, auch von instrumentell gemessenen, computergestützten Parametern aus aufgezeichneten Stichproben von Feldstudien oder in einer Kabine, ist in der Regel recht problematisch. Die Studien sind nur selten miteinander vergleichbar. Es gibt eine große normale intra- und interindividuelle Variation der gesprochenen Ausdrücke, die von Faktoren wie Stimmung, Thema, Situation, Bedingungen, Gesundheit und Fitness abhängt. Die Tonhöhe, die Lautstärke und die Anstrengung des Sprechens variieren in vielerlei Hinsicht und aus verschiedenen Gründen. Die Ergebnisse sollten von der Person interpretiert werden, die die Stimme gemessen hat. Das menschliche Ohr mit seinem Gehör versteht die Stimme am besten. Im klinischen Bereich ist es selbstverständlich, das Therapieergebnis aus der Sicht des Patienten zu untersuchen, indem seine Beschwerden in Verbindung mit den Messungen erfragt werden. Dies gibt auch

Aufschluss über die Nützlichkeit der zahllosen computergestützten Quotienten und anderer Maßnahmen. Computergestützte visuelle Programme geben ein willkommenes Feedback für Sprachschüler und Ausbilder.

Ein zuverlässigerer Weg zur Bewertung von Therapieeffekten ist die Messung mehrerer beteiligter Faktoren, aber die Interpretation der Ergebnisse ist möglicherweise nicht hilfreich für die Therapie. Die gleichzeitige Erfassung der subjektiven Beschwerdeberichte der Patienten hilft bei der Interpretation und ist ein natürlicher und wichtiger Weg, um das Therapieergebnis aus Sicht des Patienten zu messen. Wir wollten etwas Realistisches machen. Der Schwerpunkt wurde von der Bewertung der dysphonischen Stimmqualitätsmerkmale auf das persönliche Wissen verlagert, das der Patient während der Übungen durch mehrkanaliges Biofeedback erhält. Auf diese Weise wird dem Lernenden seine Fähigkeit bewusst gemacht, seine Stimme leicht zu produzieren. Wie beim Training anderer motorischer Fähigkeiten führt die häufige Wiederholung der bestmöglichen Technik zu einem ruhigen Wissen über das motorische Modell und das Trainingsziel. Schon wenige Therapiesitzungen scheinen das Training zu beflügeln, das Selbstvertrauen zu stärken und dem Patienten, der vielleicht arbeitsunfähig ist oder Angst hat, seinen Arbeitsplatz zu verlieren, Hoffnung zu geben. Ganz nebenbei können sie sich an eine gute Stimmergonomie gewöhnen. Bisher wurden die Langzeiteffekte einer systematischen Anwendung der LAX VOX®® Silikontubus-Übung als Selbststimmtherapie unter klinischen Bedingungen noch nicht untersucht.

## Das Ziel der Studie

Die vorliegende Studie zielt darauf ab, die röhrengestützte Kurzzeit-Stimmtherapiemethode LAX VOX® zu beschreiben und zu untersuchen, wobei der Schwerpunkt auf den selbstberichteten stimmlichen Symptomen, dem Wohlbefinden und deren Veränderungen während und nach der Therapie liegt. Die mögliche Linderung der Beschwerden der Patienten, die mit den klinischen Interventionen einhergeht, kann aufgezeigt werden.

Das Material der vorliegenden Studie gehört zu einem Folgestudienprojekt in der Phoniatrischen Ambulanz des Universitätsklinikums Tampere. Im Rahmen des Studienprojekts wurde die Wirksamkeit der Kurzzeit-Stimmtherapie anhand des Lebensqualitätsparameters, des stimmbezogenen Lebensqualitätsparameters VAPP, der akustischen Analyse von Stimmproben (Ma et al. 2001) sowie der klinischen Symptome vor und nach der Kurztherapie und wiederholt 6 und 12 Monate nach der Therapie gemessen. Das Studienprojekt wurde von der Ethikkommission der Gesundheitsregion Pirkanmaa (am 18. November 2003) genehmigt. In diesem Beitrag werden die Ergebnisse der LAX VOX®-gestützten Therapie anhand von zwei Fragebögen vorgestellt.

## Methode

### Themen

Alle erwachsenen Stimmpatienten, die zwischen dem 1. Januar 2004 und dem 31. Mai 2005 von ihren Hausärzten oder verschiedenen Fachärzten an die phoniatrische Abteilung des Universitätskrankenhauses Tampere überwiesen wurden, wurden zur Teilnahme an dem Projekt eingeladen. 142 von ihnen gaben ihr schriftliches Einverständnis in Übereinstimmung mit den Grundsätzen der Erklärung von Helsinki. Patienten unter 18 Jahren, Patienten mit Kehlkopfkrebs, Patienten mit transgender Stimmproblemen und Patienten, die innerhalb der letzten zwei Jahre eine Stimmtherapie erhalten hatten, wurden von der Studie ausgeschlossen.

Die Patienten wurden nach dem Zufallsprinzip einem der beiden Therapeuten zugewiesen. 79 der Patienten begannen ihre Therapie mit MS. Davon waren 24 Männer mit einem Durchschnittsalter von 44,9 (SD ± 15,6) Jahren, während 55 Patienten Frauen mit einem Durchschnittsalter von 45,1 (± 11,8) Jahren waren. Von der Gesamtzahl wurden 21 Patienten aus verschiedenen Gründen von der Analyse ausgeschlossen, wie z. B. unvollständige Fragebögen oder weniger als dreimalige Teilnahme, frühere Therapieerfahrung, Stimmprobleme, die ohne Therapie überwunden wurden, oder weil der Patient die Therapie aus eigenen Gründen abbrach. Die Zahl der Patienten in dieser Studie beträgt 58.

### Phoniatrische Untersuchung

Nachdem die ersten Fragebögen (Q1) ausgefüllt waren, untersuchte einer der beiden am Projekt beteiligten Phoniater jeden Patienten 45 Minuten lang und führte eine rückgekoppelte videostroboskopische Untersuchung des Kehlkopfes durch, um eine genaue medizinische Diagnose zu stellen. Außerdem gaben sie den Patienten einige grundlegende Ratschläge zur Stimmpflege. Die Behandlung der möglichen Grunderkrankungen (Laryngitis, GERD usw.) wurde verordnet, und die Patienten wurden nach dem Zufallsprinzip an einen der beiden erfahrenen Stimmtherapeuten für die kurzfristige

Stimmtherapie überwiesen.

**Fragebögen**

Der Fragebogen zu den dysphonischen Symptomen enthielt acht der üblichen Stimmbeschwerden und vier damit zusammenhängende Symptome, die von früheren Stimmpatienten genannt wurden: Stimmermüdung, Stimmverlust, Heiserkeit, Räusperzwang, Kehlkopfempfindungen, Stimmprojektionsfehler, anstrengendes Sprechen und Stimmpausen. Der Schweregrad jedes Symptoms wurde auf einer 100 mm langen visuellen Analogskala (VAS) angegeben. In dieser Studie wurden die Symptomfragebögen Q1, Q2, Q3, Q4 und Q5 ausgewertet.

Die finnische Übersetzung des Voice Activity and Participation Profile (Sukanen et al. 2006) wurde verwendet, um das Wohlbefinden der Probanden zu messen. (APPENDIX 3). Die Auswirkungen der Dysphonie auf die Einschätzung der eigenen Stimme, die stimmliche Aktivierung und die Teilnahme an der Arbeit, an der täglichen und sozialen Kommunikation sowie auf die Emotionen wurden mit Hilfe von Noten auf einer 100 mm langen visuellen Analogskala (VAPP) gemessen. - Die Patienten sahen ihre früheren Antworten nicht, und die Therapeuten sahen die *AUSGEFÜLLTEN* Formulare nicht.

Etwa drei Wochen (Mittelwert 22 Tage, Spanne 3-101 Tage) nach der ärztlichen Untersuchung nahmen die Patienten an ihrer ersten (2.) der 3-5 stimmtherapeutischen Sitzungen teil, die jeweils 60 Minuten dauerten. Die Anzahl der Sitzungen richtete sich nach dem individuellen subjektiven Therapiewunsch des Patienten. Der Fragebogen Q3 wurde nach der letzten Therapiesitzung ausgefüllt. In vielen Fällen musste der Patient aus verschiedenen Gründen (Arbeit, Krankheit usw.) den Terminplan ändern. Meistens wurde die Therapie wie geplant innerhalb von 3-5 Wochen abgeschlossen (Mittelwert 37 Tage, Spanne 11-123). Die Folgesitzungen umfassten Gespräche und weiterführende Anweisungen. Wenn der Betroffene es wünschte, wurden weitere Therapiesitzungen angeboten.

Der zeitliche Ablauf der Nachbereitung:

**(Q 1.** Zu Hause vor dem ersten Arztbesuch ausgefüllt; in dieser Studie nicht berücksichtigt)

**Q 2.** vor der ersten Therapiesitzung,

**Q 3.** unmittelbar nach der letzten Therapiesitzung

Q 4 nach sechs Monaten; unabhängiges tägliches Training und eigene Stimme$^Q$ Beobachtung

Q 5. ein Jahr nach der letzten Therapiesitzung

In den Pausen: **selbständiges tägliches Training** und Momente der Beobachtung der eigenen Stimme

Die Probanden wurden in drei Gruppen eingeteilt, je nach ihrem Bedarf an stimmlicher Belastung, Sprechen und Singen: Berufssprecher: Lehrer, Dozenten usw., Berufssprecher, die viel bei der Arbeit sprechen, wie Telefonverkäufer oder Krankenschwestern usw., die oft unter anspruchsvollen Bedingungen arbeiten. "**Andere**", darunter Rentner, Studenten und nicht berufstätige Personen. -

**Der Verlauf der Kurzzeit-Stimmtherapie**

Um die Aufmerksamkeit des Patienten auf die wesentlichen Themen zu lenken, wurden zu Beginn der Therapie zwei Standardfragen gestellt: "Was ist Ihre Vorstellung von einer Stimme?" und "Wie erzeugen Sie Ihre Stimme?" Nur wenige Personen konnten die Fragen "vibrierende Luft, die vom Ohr wahrgenommen wird" und "Stimme wird im Atemsystem erzeugt" beantworten. Auf diese Weise begannen wir damit, den Punkt zu treffen, der offensichtlich Erstaunen und Konzentration, Neugierde und die Vermeidung von Argumenten weckte. Niemand hatte diese Übung zuvor gemacht. Wir lernen schon als kleine Babys, die Stimme zur Kommunikation einzusetzen. Die Stimme ist eine natürliche, automatische Aktivität wie das Gehen. Sie wird uns erst dann bewusst, wenn wir Schwierigkeiten haben, sie zu benutzen. Dann sind die Menschen gestresst und brauchen Hilfe, weil sie nicht wissen, wie sie "die Stimme zurückbekommen" können. Meistens sind sie nicht in erster Linie an anatomischen Fakten interessiert. Sie brauchen ein Ziel und Ratschläge, wie sie es erreichen können. Das grundlegende Wissen über die Stimmproduktion, einschließlich der Bedeutung einer guten Körperhaltung, der optimalen Vibration der Stimmlippenschleimhaut und der richtigen Verwendung der Atemluft, wurde den Patienten anhand ausgewählter Illustrationen mündlich erläutert und besprochen. Anschließend wurden die Patienten angeleitet, die individuell ausgewählten LAX VOX®-Übungen richtig durchzuführen. Deren Wirkung wurde durch das mehrkanalige Biofeedback verstärkt. Der Wasserbehälter sollte in der Nähe des Brustbeins gehalten werden, ohne die Schultern anzuspannen, wobei zunächst das einfachste, ein /u:/, phoniert und dann nach einer leichten Melodie verlängert wurde. Zunächst wurde der LAX VOX® - Schlauch nicht tiefer als 3-5 cm in das Wasser eingeführt. Das andere Ende des Schlauches wurde zwischen den Zähnen platziert. Die Schlauchlänge von ca. 35 cm gewährleistet eine gute aufrechte Haltung, so dass der Kopf des Patienten aufrecht bleibt, während er lange /u:/ in den Schlauch phoniert. Entscheidend ist, dass das flexible Rohr nach unten gebogen wird und nicht der Kopf der Person. Die Dicke des Röhrchens (0,9/11 mm) hält die Zähne auseinander und das Kiefergelenk frei, zwingt den Mund aber nicht zu sehr auf. Die Lippen sind um das Rohr herum weich und leicht vorgewölbt. Durch die Entspannung des Kiefers wurden automatisch die Bauchmuskeln aktiviert, um den Luftstrom zu kontrollieren.

Später, um die mit der Sonde erreichte normale Funktion auf die Alltagssprache zu übertragen, wurde die Übung ohne die Sonde durchgeführt, dann stimmhaft und fortschreitend mit dem Summen von "hmmm", mit einzelnen Wörtern, Phrasen, Sätzen und der Alltagssprache. Der Patient erhielt eine Sonde, die er behalten durfte. Eine A4-Seite mit Anweisungen war die einzige schriftliche Anleitung, die der Patient erhielt. (Siehe die Details in Anhang 3).

Der entscheidende Teil der Therapie fand zwischen den Sitzungen statt, als die Personen das Röhrchen täglich zu Hause und eventuell am Arbeitsplatz benutzten. Sie wurden angewiesen, die Stimme morgens vor der Arbeit aufzuwärmen und mehrmals täglich zu üben, und sie wurden ermutigt, dies auch nach Abschluss der Therapie weiter zu tun. In den folgenden Sitzungen wurden die Anforderungen der Sprechumgebung der Patienten und deren Auswirkungen auf das Sprechen besprochen. Sie wurden angehalten, auf die Ergonomie der Stimme zu achten und ihre Kopfhaltung und Kieferspannung auch bei der Arbeit zu überprüfen und bei festgestellten Fehlern sofort zu korrigieren. Wichtig ist, dass die Patienten die Gründe für ihre Stimmprobleme selbst markieren und lernen, sie zu korrigieren. Das ist Lernen durch Handeln.

**Statistische Analyse**

Aufgrund von Schrägabweichungen wurden Mediane (MD) und Interquartilsbereiche (IQ) zur Darstellung der Symptome verwendet. Unterschiede in den Symptomen zwischen den Therapiesitzungen wurden mit dem Wilcoxon Signed Ranks Test getestet. Die statistischen Analysen wurden mit SPSS für Windows, Version 14.0.1 (SPSS Inc., Chicago, Il, USA) durchgeführt.

# Ergebnisse

## Veränderungen der dysphonischen Symptome

In der Ausgangssituation der Therapie waren Stimmermüdung, Kehlkopfempfindungen, Räuspern und Heiserkeit der Stimme die häufigsten Symptome. Fast alle Patienten klagten auch über Stimmprojektionsstörungen, Stimmverluste, anstrengendes Sprechen und Stimmbrüche. Nacken- und Schulterverspannungen und gelegentliche Schluckbeschwerden waren überraschend häufige Begleitsymptome, und viele der Patienten litten unter wiederholten Kopfschmerzen und zogen sich wegen der Sprachprobleme aus sozialen Kontakten zurück. Die am häufigsten auftretenden Symptome waren auch die stärksten: Heiserkeit, Räuspern, Stimmermüdung sowie Kehlkopfempfindungen und Stimmverlust. Der Schweregrad und die Variation der Symptome sind in Tabelle 1. und 2. und die Abbildungen 1. und 2 und 3,4 und 5.

Die Werte variierten im Verlauf der Therapie. Die zeitlichen Veränderungen zwischen den Messungen vor der Therapie und den späteren Messungen zeigen statistisch signifikante p-Werte: Der Schweregrad der Symptome nahm ab, wie in Abbildung 1 zu sehen ist, vor der ersten Therapiesitzung (Q2), die etwa drei Wochen nach dem Besuch der phoniatrischen Untersuchung stattfand, war die Erleichterung bereits beim Räuspern ($p<0.001$), laryngealen Empfindungen ($p=0,006$) und zusätzlicher Anstrengung ($0,009$), während eine abnehmende Tendenz ($p<0,05$) auch bei Heiserkeit, Stimmverlusten, Dysphagie, Stimmbrüchen und NS-Spannungen festgestellt wurde.

Tabelle 1. P-Werte für die Veränderungen vom Ausgangswert bis zum Ende der Nachbeobachtung: p1 (Q1 Q2 Q3 Q4 Q5) getestet mit Friedman-Test. Veränderungen vom Zeitpunkt Q2 zu Q3 (p2), Q2 zu Q4 (p3) und von Q2 zu Q5 (p4) wurden mit dem Wilcoxon-Test getestet. Unterschiede zwischen Q4-Q2 (p5) und Q5-Q2 (p6) wurden mit einem t-Test (n=58) getestet.

| | P1 | P2 | P3 | P4 | P5 | P6 |
|---|---|---|---|---|---|---|
| Ermüdung der Stimme | <0.001 | 0,01 | <0.001 | <0.001 | <0.001 | 0,001 |
| Notwendigkeit des Räusperns | <0.001 | 0,08 | 0,009 | 0,011 | 0,012 | 0,043 |
| Heiserkeit oder anderes dysphonisches Symptom | <0.001 | 0,01 | 0,001 | 0,003 | 0,001 | 0,013 |
| Schwierigkeiten bei der Stimmprojektion | <0.001 | 0,15 | 0,004 | 0,032 | 0,005 | 0,078 |

| | | | | | | |
|---|---|---|---|---|---|---|
| Sprachpausen | 0,02 | 0,45 | 0,017 | 0,194 | 0,067 | 0,321 |
| Sprachverluste | 0,001 | 0,11 | 0,015 | 0,407 | 0,016 | 0,478 |
| Schädliche Kehlkopfsensationen | <0.001 | 0,16 | 0,012 | 0,024 | 0,02 | 0,052 |
| Anstrengung beim Sprechen | <0.001 | 0,14 | 0,018 | 0,118 | 0,028 | 0,138 |
| Nacken- und Schulterverspannungen | 0,002 | 0,38 | 0,202 | 0,556 | 0,297 | 0,45 |
| Dysphagie | 0,001 | 0,58 | 0,118 | 0,973 | 0,362 | 0,88 |
| Wiederholte Kopfschmerzen | 0,006 | 0,32 | 0,516 | 0,094 | 0,937 | 0,059 |
| Rückzug von Sprachkontakten | 0,006 | 0,11 | 0,091 | 0,706 | 0,171 | 0,549 |

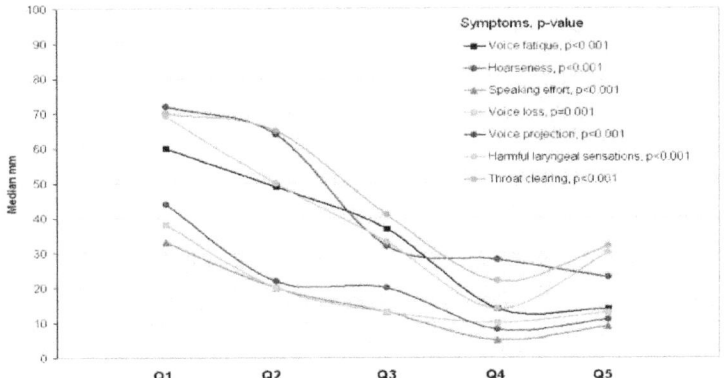

Abbildung 1. Die Kurven, die die Veränderungen der mittleren Symptomwerte veranschaulichen: vor der Kehlkopfuntersuchung Q1, vor der Therapie Q2 bis nach der Therapie Q3, sechs Q4 und zwölf Q5 Monate nach der Kurzzeit-Stimmtherapie, gemessen an den subjektiven Einschätzungen der Patienten auf 100 mm VAS und den entsprechenden p-Werten (Wilcoxon signed ranks test). N= 58.

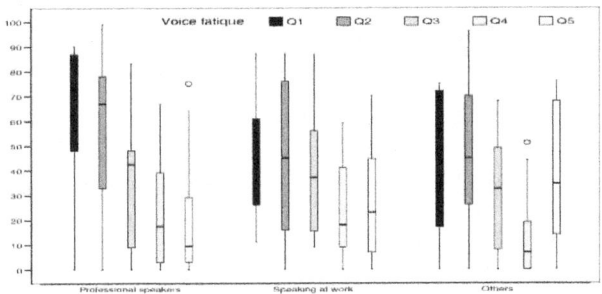

Abbildung 2. Verteilungen der Symptom-Score-Werte für **Stimmermüdung** nach Art der Stimmverwendung in aufeinanderfolgenden Messungen, **dargestellt** als Interquartile, interindividuelle Variation (ein Kasten), Mediane (horizontale Markierung innerhalb des Kastens) und Spannen ("Whiskers"): links Berufssprecher, Mitte Berufssprecher, rechts andere. - Die subjektiven Meinungen wurden auf einer 100 mm langen VAS auf der vertikalen Achse angegeben. (N=58)

## Veränderungen in der Stimmaktivierung und Partizipation

Tabelle 2. Verteilungen von VAPP 1 und VAPP 5, ausgedrückt durch die Mediane (Md) und Interquartilsbereiche (IQR). Die Ergebnisse zwischen den Fragen wurden mit dem Vorzeichentest geprüft. (N=35).

| Q | Feld | VAPP 1 Md | [IQR] | VAPP 2 Md | [IQR] | Vorzeichentest p-Wert |
|---|---|---|---|---|---|---|
| 1 | Erfahrung von Patoent | 57 | [29-70] | 30 | [13-50] | <0.001 |
| 2 | | 65 | [25.5-78] | 14 | [4-33] | <0.001 |
| 3 | Auswirkungen auf den | 8 | [0-21] | 2 | [0-6] | 0,02 |
| 4 | Arbeitsplatz | 41 | [7.5-70] | 5 | [1-19.75] | 0,00 |
| 5 | | 7 | 1-26.5] | 4 | [1-14.75] | 0,13 |
| 6 | | 26 | [9-54] | 8 | [2-21] | <0.001 |
| 7 | | 30 | [8-66] | 4 | [1-16] | <0.001 |
| 8 | | 10 | [2.75-40.5] | 5 | [1-13] | 0,00 |
| 9 | | 8 | [2-41] | 3 | [0.75-8.5] | 0,00 |
| 10 | | 10 | [3-42.5] | 3 | [1-19] | 0,00 |
| 11 | Täglich | 9,5 | [2.75-35] | 3 | [0-8] | 0,00 |
| 12 | Kommunikation | 52 | [12-75] | 8 | [1-46] | <0.001 |
| 13 | | 44 | [8-67] | 3 | [1-25] | <0.001 |
| 14 | | 22 | [4.5-51.5] | 4 | [1-18] | <0.001 |
| 15 | | 12 | [1.5-57] | 3 | [0-14] | <0.001 |
| 16 | | 20,5 | [5.25-45.5] | 3 | [1-21] | <0.001 |
| 17 | | 30 | [7-65] | 5 | [1-21] | <0.001 |
| 18 | | 14 | [6-52] | 3 | [1-17] | 0,02 |
| 19 | Soziale Aktivitäten | 15 | [6-48] | 4 | [1-19] | 0,00 |
| 20 | | 13 | [5-39] | 6,5 | [0.75-19.5] | 0,00 |
| 21 | | 10 | [1-44] | 3 | [0-12] | 0,02 |
| 22 | | 38 | [11-61] | 4 | [1-26] | <0.001 |
| 23 | | 37 | [9-63] | 5 | [1-20] | <0.001 |
| 24 | | 13 | [4-47] | 3 | [2-18] | 0,00 |
| 25 | Emotionen | 65 | [29-77] | 20 | [3-43] | <0.001 |
| 26 | | 47 | [10-72] | 14 | [2-29] | <0.001 |
| 27 | | 16 | [6-52] | 5 | [1-13] | 0,03 |
| 28 | | 18 | [4.75-45] | 5 | [1-16] | 0,04 |

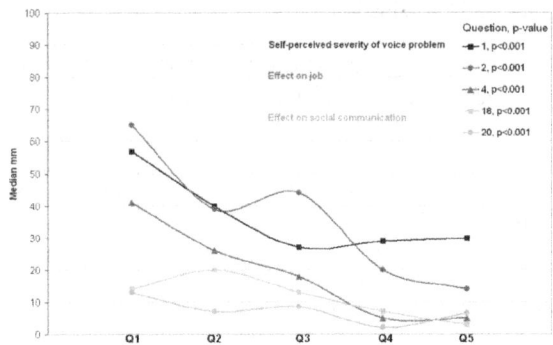

Abbildung 3. Illustrationen der Variation der mittleren Punktwerte in den aufeinanderfolgenden Messungen: die Fragengruppen der VAPP-: **selbst wahrgenommener Schweregrad der Stimmsymptome, Auswirkungen auf die Arbeit und soziale Kommunikation**, gemessen mit einer 100 mm langen VAS. Die p-Werte durch den Wilcoxon signed ranks test. Q1 vor der phoniatrischen Untersuchung, Q2 vor der Stimmtherapie, Q3 nach der kurzen Stimmtherapie, Q4 sechs und Q5 zwölf Monate nach der Stimmtherapie. N=58.

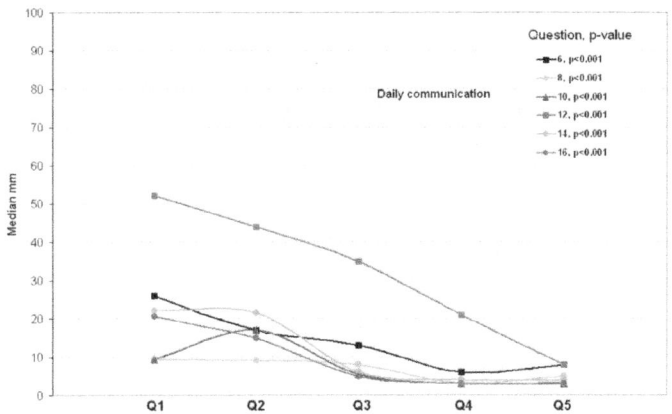

Abbildung 4. Illustrationen der Variation der medianen Punktwerte in den aufeinanderfolgenden Messungen: die Fragengruppen der VAPP-: **täglichen Kommunikation**, gemessen mit einer 100 mm langen VAS. Die p-Werte durch den Wilcoxon signed ranks test. Q1 vor der phoniatrischen Untersuchung, Q2 vor der Stimmtherapie, Q3 nach der kurzen Stimmtherapie, Q4 sechs und Q5 zwölf Monate nach der Stimmtherapie. N=58.

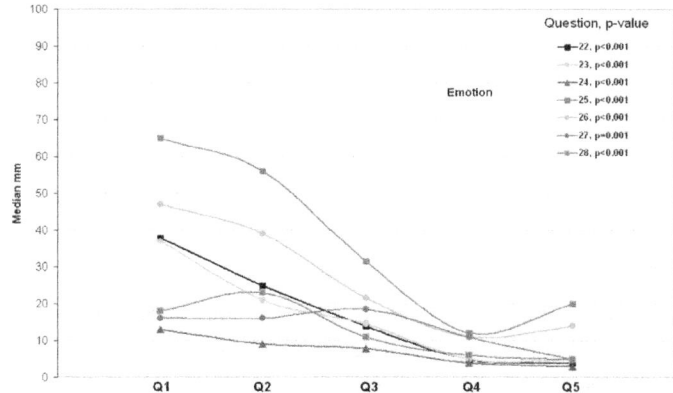

Abbildung 5. Illustrationen der Variation der medianen Punktwerte in den aufeinanderfolgenden Messungen: die Fragegruppen der VAPP-: **Emotionen**, gemessen mit einer 100 mm langen VAS. Die p-Werte durch den Wilcoxon signed ranks test. Q1 vor der phoniatrischen Untersuchung, Q2 vor der Stimmtherapie, Q3 nach der kurzen Stimmtherapie, Q4 sechs und Q5 zwölf Monate nach der Stimmtherapie. N=58.

# Diskussion

Die Ergebnisse zeigten, dass die Untersuchung durch die Ärztin und ihre Anweisungen den Patienten bemerkenswert geholfen haben. Es gab Patienten, die nach nicht mehr als drei Sitzungen LAX VOX®-gestützter Therapie und täglicher Selbsthilfe in der Lage waren, ihre Stimmfunktion frei von Symptomen und vom früheren Stress am Arbeitsplatz zu meistern. Sie wussten, wie sie diesen vermeiden konnten. In der heutigen Zeit stellen Hintergrundlärm und trockene, verschmutzte Luft in den Räumen und im Freien, weite Hörsäle mit einer für das Sprechen ungeeigneten Akustik und der Mangel an optimalen Tischen und Stühlen ein wachsendes Problem dar. Das Schlimmste daran ist, dass selbst professionelle Sprecher, ganz zu schweigen von den Berufssprechern, keine angemessene stimmergonomische Schulung erhalten haben. Nach der Kurztherapie ist es für die Therapeuten sehr ermutigend, den lässigen, fröhlichen Menschen zuzuhören, die früher depressive Stimmpatienten waren. Sie erzählen gerne, wie sie vor und nach dem anstrengenden Sprechtag ihre Muskeln des "Stimmgeräts" aufwärmen und abkühlen. Die Verwendung eines Mikrofons hilft dabei, langsam genug zu sprechen und Zeit für eine natürliche Nasenatmung zu haben. Tun und lernen. Es ist offensichtlich, dass professionelle Sprecher und Stimmbildner sich mehr um das tägliche Training kümmern, und deshalb verbesserten sich ihre Werte in diesen Fragebögen auch noch ein Jahr nach Beginn der LAX VOX®-gestützten Stimmtherapie.

# Schlussfolgerungen

Die LAX VOX®-Röhrenübung ist eine ganzheitliche, kognitive und verhaltensorientierte Methode zur Korrektur und Verbesserung der Stimmproduktion. Es ist eine einfache, kostengünstige und angenehme Übung zur Selbsthilfe, die immer zur Hand ist. Es ist möglich, sie jederzeit anzuwenden, und die Wirkung kann sofort bemerkt werden. Einmal erlernt, kann der Gedanke daran helfen. Die besten, physiologisch möglichen stimmlichen Fähigkeiten können erreicht werden, auch wenn der Anwender nicht an der Theorie interessiert ist. In dieser Studie wurden die häufigen Symptome, Stimmermüdung, Stimmverlust, Heiserkeit, Räusperzwang und unangenehme Kehlkopfempfindungen nach der kurzen Stimmtherapie statistisch signifikant gemildert. Die stimmabhängige Lebensqualität verbesserte sich in vielen Aspekten signifikant. Beruflicher Stress konnte durch eine präventive stimmtherapeutische Kurzschulung beseitigt werden, die in einer Gruppe an ihrem Arbeitsort durchgeführt werden konnte. Die kurze Therapiesitzung dient dem Therapeuten dazu, die Diagnose zu vervollständigen und die richtigen Worte für die Erklärungen zu finden und weitere Versuche hinzuzufügen.

# Literatur

Aronson AE. Klinische Stimmstörungen. New York: Thieme Inc., 1985.

Bele I. Künstlich verlängerter und verengter Vokaltrakt bei Stimmbildungsmethoden. Log Phon Vocol 2005; 30: 34-40.

Carding P. Evaluierung der Stimmtherapie. Measuring the effectiveness of treatment. London und Philadelphia: Whurr Publishers, 2000.

Gundermann H. Behandlung der gestörten Sprechstimme. Stuttgart: Fischer 1977.

Habermann G. Funktionelle Stimmstorungen und ihre Behandlung. Arch. Otorhinolaryngol 1980; 227: 171-345.

Laukkanen A-M. Über die so genannten "Resonanzröhren", die in der finnischen Stimmbildungspraxis verwendet werden. Scand J Log Phon 1992; 17: 151-161.

Laukkanen A-M, Lindholm P, Vilkman E. Phonation in ein Rohr als Stimmbildungsmethode. Akustische und physiologische Beobachtungen Folia Phoniat 1995; 47: 331-338.

Lombard LE & Steinhauer KM. Eine neue Behandlung für hypophone Stimme: Twang-Therapie, J Voice 2006; In Press

Lucero JC. Optimale Glottalkonfiguration für eine einfache Phonation. J Voice 1998; 12:151158.

Ma E P-M, Yiu E M-L. J of Speech and Hearing Research 2001:44:1092-4388 Mailander E, Mühr L. Barsties B, LAX VOX® as a Voice Training Program for Teachers: A Pilot Study. Im Druck.

Morrison MD, Rammage LA. Muskelfehlgebrauchsstörungen der Stimme: Beschreibung und Klassifizierung. Acta Otolaryngol 1993; 113 (3): 428-434.

Netsell. Sprachliche Rehabilitation für Personen mit unverständlicher Sprache und Dysarthrie: das respiratorische und velopharyngeale System. Journal of Medical Speech-Language Pathology 1998; 6; 107-110.

Sheng Hwa Chen, Tzu-Yu Hsiao, Li-Chun H Hsiao, Yu-Mei Chung & Shu-Chiung Chiang. Ergebnisse der Resonanzstimmtherapie für Lehrerinnen mit Stimmstörungen: Wahrnehmungs-, physiologische, akustische, aerodynamische und funktionelle Messungen. J Voice 2006; In press.

Sihvo M. Voice in test -Studies on Sound Level Measurement and of the Effects of Various Combinations of Environmental Humidity, Speaking Output Level and Body Posture on Voice Range Profiles. Universität Tampere, Acta Universitatis Tamperensis 541. Akademische Dissertation 1997.

Sihvo M. QUICK, Erste Hilfe für Sprachpatienten. In: Kjær B J. Editor. Nordisk logopedi og foniatri.

Sovijarvi A. Die Bestimmung der Stimmkategorien mittels Resonanzrohren (Determination of voice categories with resonance tubes). Internationaler Kongress Phoniatrische Wissenschaft. 1964; 5: 532-535.

Spiess G. Methodische Behandlung der neurologischen Aphonie und einiger anderer Stimmstörungen. Archiv für Laryngologie und Rhinologie; 1899; 9: 368-376.

Status & undvikling. K0benhavn Audiopedisk Forening, 1994.

Stein L. Sprach- und Stimmstörungen und ihre Behandlung in der täglichen klinischen Praxis. Wien-Leipzig-Bern: Weidmann & Co, 1937.

Story BH, Laukkanen A-M, Titze RI. Akustische Impedanz eines künstlich verlängerten und verengten Vokaltrakts. J Voice 2000; 14: 455-469.

Sukanen O, Sihvo M, Rorarius E, Lehtihalmes M, Autio V, Kleemola L. Voice Activity and Participation Profile (VAPP) zur Beurteilung der Auswirkungen von Stimmstörungen auf die Lebensqualität von Patienten. Validität und Zuverlässigkeit der finnischen Version des VAPP. Log Phon Vocol 2006; Im Druck.

Titze I. Stimmtraining und -therapie mit einem halbverschlossenen Vokaltrakt: Begründung und wissenschaftliche Grundlagen. J of Speech, Language and hearing Research 2006; 49:448459.

Wingate JM, Brown WS, Shrivastav R, Davenport P & Sapienza C. Treatment outcomes for professional voice users. 2006; Im Druck.

# ANHANG 1

## LAX VOX®-Instruktionen in Kurzform

Sie benötigen: einen Silikonschlauch mit einer Länge von 35 cm und einem Durchmesser von 9 mm 3-10 cm Wasser in einem Glas oder einer Flasche

**Vorbereitung vor dem Intonieren**

© **Stellen Sie** sich **vor** einen Spiegel, wenn Sie **diese** Übung zum ersten Mal lernen.

© Halten Sie die Flasche dicht am **Körper**, die **Schultern** nach unten, die Arme frei an den Seiten,

**Atmen Sie wie** gewohnt **nasal** ein, spüren Sie **den** geöffneten **Kehlkopf** für **seine** Atmung

Legen Sie das eine Ende des Röhrchens **zwischen die Zähne, oberhalb der Zunge.**

**Umschließen Sie die Tube sanft mit den Lippen.**

Tauchen Sie ein Ende des Röhrchens **2-5** cm **tief in das Wasser**, um damit zu beginnen!

**Markieren Sie die automatischen Atembewegungen** an den Seiten und **im** Unterbauch. Wir können die Atembewegungen kontrollieren:

> **die** Luft effizient ausblasen

> langsam Luft ansaugen

> halten die Luft an

**Vergleichen Sie** dies mit **Ihren** gewohnten Körperfunktionen im Sitzen **und in allen** anderen **Haltungen**. Das Verhältnis von **Kopf**, Nacken, oberem **Rücken** und Schultern sollte frei **sein**.

© Starten Sie die Phonationen. Teste diese Vorgänge bei verschiedenen **Tiefen des Rohres im Wasser**. **Entscheidend** ist, **wie** viele cm **Wasser** sich **im Rohr befinden!!!**

Dehnen Sie den Brustkorb und halten Sie die Luft an, bevor Sie mit der **Phonation** beginnen und **wiederholen Sie den kurzen** /u/ **-Vokal leise** in das Rohr. Das Wasser **wird** sprudeln. Machen Sie es allmählich **lauter**. (Rückmeldung der unteren Bauch- und Rückenmuskeln). - **Je höher** die **Tonhöhe**, desto mehr Aktivität **ist** erforderlich. -**Verlängern Sie die Vokalisation:** /u/, /o/, /y/, /o/, **wiederholen Sie und** testen Sie, wie Sie das machen können: Die **Zunge formt die Vokale**.

Gleiten Sie mit der Stimme (**singen Sie**) zuerst von hoch zu tief und dann wieder hoch.

Singen **Sie auf /u:/** eine einfache **Melodie** in das Rohr (*Are you sleeping* und *Happy birthday*). *Achten Sie* nach jeder **Phrase** der Melodie darauf, was beim **Einatmen** geschieht. Zu Beginn kann die Pause **länger** sein als **beim** normalen Singen, **und** Sie werden spüren, wie sich Ihre **Rippenmuskeln** zwischen von **selbst dehnen, wenn** die **Luft** einströmt. **Das Gehirn steuert** dies je nach den Erfordernissen der beabsichtigten Gesangsaufgabe.

### INTONATION OHNE ROHR

- **Machen Sie** die dieselben Übungen **mit** **den/uuu/ oder/oooo/** Vokalen ( wie bei 'muh' oder 'mehr')

ohne den Schlauch.

- Behalten Sie **die** gute Kopfhaltung und **die** abgerundete Lippenöffnung bei.

- Wiederholen **Sie die Übungen**, indem Sie die **Lippen** sanft aufeinander **legen** und **nach außen drücken.**

(Brummen des nasalen **/m/-Lautes**).

Wenn wir eine Melodie summen, ist die Stimme ganz *nasal*. Das bedeutet, dass die gesamte Luft durch die Nase strömt, wie bei der normalen, ruhigen Atmung. Beim Summen (hmmmmm) spüren wir Vibrationen um die Nase und den Kopf. Testen Sie dies, indem Sie eine Melodie summen und die Muskeln des Unterkörpers bewusst einsetzen (anspannen). Das ist gesund.

### NORMALE SPRACHE

- Wiederholen Sie die üblichen Sprachausdrücke und Phrasen, wobei Sie die oben beschriebene Körperhaltung und Muskeltechnik beibehalten und die Betonung variieren: Verwenden Sie Begrüßungen wie "Hallo", "Hallo", "Willkommen", "Wie geht es Ihnen?", "John Smith", Ihren Namen und kurze Sätze wie "Das ist ok", "Reden ist so schön", "Gespräche sind wichtig für Menschen".

- Lesen Sie Sätze aus einer Zeitung oder einem Buch laut vor und wiederholen Sie sie, wobei Sie die Betonung und die Bedeutung der Wörter variieren.

Befolgen Sie diese Grundsätze beim Sprechen und Singen. Je lauter Sie sprechen müssen, desto wichtiger ist es, eine Dehnung der Rückenmuskulatur und des Nackens zu spüren und genügend Luft durch die Nase einströmen zu lassen.

WIEDERHOLEN Sie diese Übungen TÄGLICH, mindestens 3-5 Mal, für ein paar Minuten oder so, wie Sie sich jedes Mal wohl fühlen

- zum Aufwärmen und
- Ihre Stimme abkühlen
- um die Organe, die Ihre Stimme produzieren, nach einem anstrengenden Redeauftritt zu entspannen
- um Sprachprobleme zu vermeiden
- insbesondere, wenn Sie ein aktuelles Stimmproblem haben, um zu verhindern, dass sich falsche Stimmgewohnheiten durchsetzen
- Ihre Stimme als funktionales Instrument der stimmlichen Kommunikation zu erhalten
- wenn Sie lernen, Ihre Stimme - und Ihr Verhalten - zu kontrollieren

**VORTEILE DIESER ÜBUNG**

**Der Sprachfluss und seine Reflexion im Wasser erhöhen den Druck in den Atemwegen.**

- Halten Sie **die** Atemwege weit **offen und** senken Sie den Kehlkopf
- **eine übermäßige Beanspruchung** des Kehlkopfes zu verhindern
- einem heftigen Aufprall der Stimmbänder entgegenwirken
- Massage und Entspannung **der Weichteile in Mund** und Kehlkopf

**Halten des Schlauches im Mund zwischen den Zähnen**

- verengt die Lippenöffnung und vergrößert die Resonanzräume
- verhindert die Okklusionstätigkeit und **entspannt** den Kiefer
- **hält den** Kopf während der Intonation in **der** richtigen aufrechten Position

**Als Ergebnis**

- **Die untere Bauch- und** Rückenmuskulatur produziert automatisch **die** benötigte **Energie und** erzeugt **einen angemessenen Luftdruck im** Vokaltrakt, der den Rachen vor **schädlichen** Spannungen schützt.
- **Die gleichen Muskeln** arbeiten **auch** bei der **Veränderung der** Tonhöhe **und der Lautstärke** der Stimme.
- **Das sensorische** Feedback erleichtert das **Bewusstsein** für **die ganzheitlichen** Funktionen des **Körpers bei der** Stimmproduktion.

Verwenden Sie die **LAX VOX®-Röhre als "STIMM- und LAUTSTÄRKE-DETEKTOR"**:

**Legen Sie** ein Ende **des** Schlauchs in die Nähe Ihrer Lippen und das andere Ende in die Nähe des Ohrs.

**Sprechen Sie** in das Rohr. **Sie** werden Ihre Stimme sehr genau hören, selbst **kleinste** Veränderungen wahrnehmen und sie kontrollieren können.

- Halten **Sie** das Silikonrohr sauber, oft unter fließendem Wasser, oder kochen Sie es für eine Minute.

Es ist ratsam, die Feuchtigkeit der Stimmlippenschleimhaut durch Inhalation von Dampf oder Nebel aufrechtzuerhalten.

**Das geht** ganz einfach **mit** dem **kleinen Plastik-Wasserpfeifen-Inhalator:** http://www.nhs.fi/nhs-vesipiippu oder http://www.yliopistonverkkoapteekki.fi

# ANHANG 2

## Der Fragebogen zu den dysphonischen Symptomen

Datum ___/ 200__        Thema Nummer ___

Name IC Männlich __

Weiblich__

Alter ___ Jahre Beruf Jahre

Arbeitgeber _____

**Umfang der Sprache** __ h/Tag h/Woche

**Gesang Hobbys** Chor soziale Aktivitäten Schauspiel Rezitation Sonstiges

Ich spreche viel zurückhaltend bin ein normaler Sprecher spreche laut spreche mit leiser Stimme

**SymptomeGesundheit**

Markieren Sie mit dem Zeichen ( | ) die Linie an der Stelle, die Ihre stimmliche Situation beschreibt

Ermüdung der Stimme nicht viel

Kehle räuspern nein die ganze Zeit

Heiserkeit oder andere schlechte Qualität nein ständig

Projektionsprobleme nicht immer

Die Stimme bricht immer wieder ab

Keine großen Stimmverluste

Laryngeale Empfindungen nein, die ganze Zeit

Bemühungen, immer Nein zu sagen

Nacken- und Schulterverspannungen

nein, die ganze Zeit

Dysphagie nein, die ganze Zeit

Kopfschmerzen nein ständig

Ich rauche Zigaretten /24 hIch        rauche schon seit Jahren

Wann traten die Symptome zum ersten Mal auf?

Wann und in welchen Situationen treten die Symptome auf?

Wie oft waren Sie aufgrund von Dysphonie arbeitsunfähig?

Andere Symptome (Sodbrennen, Brustschmerzen, Spannungen, Ängste, Stress):

Andere diagnostizierte Krankheiten?

Medikamente:

Operationen:

Frühere Stimmtherapie:

Erwartungen an die Therapie

# ANHANG 3

## Die Fragen des Aktivitäts- und Partizipationsprofils der Stimme

Ma E P-M, Yiu E M-L. J of Speech and Hearing Research 2001:44

**Selbst eingeschätzter Schweregrad des Stimmproblems**

| | |
|---|---|
| 1 | Wie schwerwiegend ist Ihr Stimmproblem jetzt? Normal severe<br><br>Hinweis: Die folgende Zeile wird für die Beantwortung der einzelnen Fragen verwendet und erscheint im Originalprofil unter jeder Frage. Die Zeilen werden in diesem Anhang der Kürze halber weggelassen.<br><br>Bitte beantworten Sie die folgenden Fragen, indem Sie die Zeile ankreuzen, die Ihrer Antwort am ehesten entspricht. Ein Kreuz auf der linken Seite bedeutet, dass Sie nie betroffen sind, während ein Kreuz auf der rechten Seite bedeutet, dass Sie immer betroffen sind. |

**Auswirkungen auf den Arbeitsplatz**

| | |
|---|---|
| 2 | Ist Ihr Job von Ihrem Stimmproblem betroffen? |
| 3 | Haben Sie in den letzten 6 Monaten daran gedacht, wegen Ihres Stimmproblems Ihren Arbeitsplatz zu wechseln? |
| 4 | Hat Ihr Stimmproblem irgendeinen Druck auf Ihren Arbeitsplatz ausgeübt? |
| 5 | Hat Ihr Stimmproblem in den letzten 6 Monaten Ihre Entscheidung für Ihre berufliche Zukunft beeinflusst? |

**Auswirkungen auf die tägliche Kommunikation**

| | |
|---|---|
| 6 | Bittet man Sie wegen Ihres Stimmproblems, das gerade Gesagte zu wiederholen? |
| 7 | Haben Sie es in den letzten 6 Monaten jemals vermieden, wegen Ihres Stimmproblems mit anderen zu sprechen? |
| 8 | Schränken Sie aufgrund Ihres Stimmproblems die Nutzung des Telefons ein? |
| 9 | Haben Sie in den letzten 6 Monaten die Nutzung des Telefons aufgrund Ihres Sprachproblems eingeschränkt? |
| 10 | Beeinträchtigt Ihr Stimmproblem Ihre Kommunikation in ruhigen Umgebungen? |
| 11 | Haben Sie in den letzten 6 Monaten wegen Ihres Stimmproblems jemals ein Gespräch in ruhiger Umgebung vermieden? |
| 12 | Beeinträchtigt Ihr Stimmproblem Ihre Kommunikation in lauten Umgebungen? |

| 13 | Haben Sie in den letzten 6 Monaten wegen Ihres Stimmproblems jemals ein Gespräch in lauter Umgebung vermieden? |
|---|---|
| 14 | Beeinträchtigt Ihr Stimmproblem die Botschaft, wenn Sie vor einer Gruppe von Menschen sprechen? |
| 15 | Haben Sie in den letzten 6 Monaten jemals ein Gespräch in einer Gruppe wegen Ihres Stimmproblems vermieden? |
| 16 | Beeinträchtigt Ihr Stimmproblem das Vermitteln Ihrer Botschaft? |
| 17 | Haben Sie in den letzten 6 Monaten jemals das Sprechen wegen Ihres Stimmproblems vermieden? |
| | **Auswirkungen auf die soziale Kommunikation** |
| 18 | Beeinträchtigt das Stimmproblem Sie bei sozialen Aktivitäten? |
| 19 | Haben Sie in den letzten 6 Monaten wegen Ihres Stimmproblems jemals soziale Aktivitäten vermieden? |
| 20 | Sind Ihre Familie, Freunde oder Kollegen von Ihrem Stimmproblem genervt? |
| 21 | Haben Sie in den letzten 6 Monaten wegen Ihres Stimmproblems jemals die Kommunikation mit Ihrer Familie, Ihren Freunden oder Ihren Kollegen vermieden? |
| | **Wirkung auf Ihre Gefühle** |
| 22 | Fühlen Sie sich durch Ihr Stimmproblem gestört? |
| 23 | Ist Ihnen Ihr Stimmproblem peinlich? |
| 24 | Haben Sie wegen Ihres Stimmproblems ein geringes Selbstwertgefühl? |
| 25 | Machen Sie sich Sorgen um Ihr Stimmproblem? |
| 26 | Fühlen Sie sich wegen Ihres Stimmproblems unzufrieden? |
| 27 | Wirkt sich Ihr Stimmproblem auf Ihre Persönlichkeit aus? |
| 28 | Beeinträchtigt Ihr Stimmproblem Ihr Selbstbild? |

# I want morebooks!

Buy your books fast and straightforward online - at one of world's fastest growing online book stores! Environmentally sound due to Print-on-Demand technologies.

Buy your books online at
**www.morebooks.shop**

Kaufen Sie Ihre Bücher schnell und unkompliziert online – auf einer der am schnellsten wachsenden Buchhandelsplattformen weltweit! Dank Print-On-Demand umwelt- und ressourcenschonend produziert.

Bücher schneller online kaufen
**www.morebooks.shop**

 info@omniscriptum.com
www.omniscriptum.com

Made in the USA
Monee, IL
27 August 2024

64682656R00046